尹冰清 著

国有企业投资房地产问题研究

RESEARCH ON
REAL ESTATE INVESTMENT OF
STATE OWNED ENTERPRISES

经济管理出版社
ECONOMY & MANAGEMENT PUBLISHING HOUSE

图书在版编目（CIP）数据

国有企业投资房地产问题研究/尹冰清著.—北京：经济管理出版社，2016.2
ISBN 978-7-5096-4085-2

Ⅰ.①国… Ⅱ.①尹… Ⅲ.①国有企业—房地产—投资—经济决策—中国 Ⅳ.①F299.233

中国版本图书馆CIP数据核字（2015）第289545号

组稿编辑：杨雅琳
责任编辑：杨雅琳
责任印制：黄章平
责任校对：赵天宇

出版发行：经济管理出版社
（北京市海淀区北蜂窝8号中雅大厦A座11层 100038）
网　　址：www.E-mp.com.cn
电　　话：（010）51915602
印　　刷：北京晨旭印刷厂
经　　销：新华书店
开　　本：710mm×1000mm/16
印　　张：10.5
字　　数：141千字
版　　次：2016年2月第1版　2016年2月第1次印刷
书　　号：ISNB 978-7-5096-4085-2
定　　价：48.00元

·版权所有　翻印必究·

凡购本社图书，如有印装错误，由本社读者服务部负责调换。
联系地址：北京阜外月坛北小街2号
电话：（010）68022974　邮编：100836

序　言

国有企业投资房地产是一个备受关注的热点问题，然而对于国有房地产企业是否应当退出以及我国房地产行业如何实现健康可持续发展，并没有形成统一的意见。本书从国有企业投资房地产的现状和历程出发，利用定性和定量两种方法分析了国有企业投资房地产对企业绩效、房地产行业和宏观经济的影响，提出了促进房地产行业健康发展的政策建议。本书分为六个部分：第一章绪论主要介绍了选题的背景意义，对现有研究进行回顾，并说明了本书的结构、研究方法、主要创新和不足之处；第二章对国有企业投资房地产的现状进行了分析；第三章从企业层面研究国有企业投资房地产对企业绩效造成的影响；第四章在产业组织理论的基础上，采用哈佛大学经济学教授梅森(E.Mason)和贝恩(J.Bain)提出的"市场结构(Structure)—市场行为(Conduct)—市场绩效(Performance)范式"（简称SCP范式），对国有企业投资房地产对产业组织的影响进行分析；第五章分析房地产投资，尤其是国有企业投资房地产对宏观经济造成的影响；第六章主要对本书的基本结论进行总结，并提出促进房地产行业健康发展的政策建议。

本书的基本结论如下：国有企业投资房地产是我国从计划经济体制向市场经济体制转型的必然结果；国有房地产企业曾经为我国经济社会建设和房地产行业发展做出了巨大贡献；国有房地产企业享受了土地、银行贷款等方面的"隐性补贴"，因此在经营绩效上明显要好于非国有企业；国有企业投资房地产使不同所有制企业面临不同的综合成本，而成本差异使得房地产企业在进行价格竞争时面临着不平等的起点，以至于打乱了市场竞争秩序；房地产行业对我国宏观经济增长具有十分重要的拉动作用，但国有房地产企业所占比重已经出现较大下滑，因此国有企业投资房地产对宏观经济增长拉动的贡献已经大幅降低了；国有房地产企业能够在国家的宏观经济调控中发挥重要作用。

为促进房地产行业健康可持续发展，从总体上看，国有经济应当从房地产行业中稳步退出，避免"与民争利"。然而，国有经济逐步从房地产行业中退出，这并不意味着要"搞垮"国有房地产企业或者是不计得失地将国有经济从房地产行业中立刻退出，而是应在提升经营管理水平、保持竞争力的基础上，稳步促进国有房地产企业产权结构和治理结构的优化。具体来讲，包括四项主要措施：一是对国有房地产企业进行分类治理，将国有房地产企业分为四类，分别是以房地产为主业的国有房地产企业；不以房地产为主业，但仍以盈利为主要目的从事房地产业务的国有房地产企业；不以房地产为主业也不以盈利为主要目的，但仍从事小规模房地产开发的国有房地产企业；地方政府平台公司转变而来，仍与地方政府之间存在密切联系的国有房地产企业。对于这四类企业，应当采取不同的方式进行分类治理。二是积极推动国有房地产企业的混合所有制改革，具体实现手段可包括公司整体上市、其他所有制资本参股、员工持股等。三是规范房地产行业市场秩序，使房地产行业回归市场竞争的本质。具体包括减少和消除对国有房地产企业的"隐性补贴"、尽量避免政府对房地产市场的直接行政干预、建立起有效的优胜劣汰机制等。四是促进国有房地产企业内涵式发展，包括提升自身的技术能力、提升自身的商业模式水平、提升自身的治理水平和管理水平等。

目录

第一章 绪论 1

一、研究背景及研究意义 1

二、相关理论及研究评述 3

三、主要内容与基本框架 7

四、研究方法和研究工具 8

五、创新及不足之处 10

第二章 国有企业投资房地产的现状 13

第一节 我国房地产行业发展现状 13

一、房地产行业的基本特征 14

二、我国房地产行业发展取得的主要成就 19

三、我国房地产行业发展面临的主要制约 23

第二节 国有企业投资房地产的规模和结构分析 29

一、国有房地产企业的规模比重 29

二、国有企业投资房地产的结构分析 33

三、中央企业投资房地产 37

四、国有企业改革对国有企业投资房地产的影响 42

第三节 国有房地产企业参与保障性安居工程 43

一、保障性安居工程的进展 44

二、国有房地产企业在保障性安居工程中发挥的作用 45

第三章 国有企业投资房地产对企业绩效的影响 49

第一节 股权结构对房地产企业经营绩效影响的作用机制 49
  一、内部治理机制 50
  二、外部治理机制 54

第二节 股权结构对房地产企业经营绩效影响的实证分析 56
  一、房地产企业经营绩效分析 57
  二、房地产企业股权结构分析 61
  三、面板数据模型 66

第三节 股权结构对房地产企业经营绩效影响的综合分析 74
  一、国有资本控股对房地产企业经营绩效的影响 75
  二、股权集中度对房地产企业经营绩效的影响 76

第四章 国有企业投资房地产对产业组织的影响 79

第一节 国有企业投资房地产对市场结构的影响 79
  一、对市场集中度的影响 80
  二、对产品差异化水平的影响 85
  三、对进出壁垒的影响 87

第二节 国有企业投资房地产对市场行为的影响 90
  一、房地产企业市场行为模型 91
  二、国有企业投资房地产对价格竞争的影响 98
  三、国有企业投资房地产对非价格竞争的影响 100

第三节 国有企业投资房地产对市场绩效的影响 101
  一、国有企业投资房地产对社会福利的影响 101
  二、国有企业投资房地产对行业可持续发展的影响 103

第五章　国有企业投资房地产对宏观经济的影响 ... 105

第一节　国有企业投资房地产对中国经济增长的拉动 ... 105
一、房地产行业在宏观经济中的地位 ... 105
二、房地产增速与宏观经济增速的比较 ... 109
三、房地产投资对宏观经济增长的影响分析 ... 111
四、国有企业投资房地产对宏观经济增长的影响分析 ... 114

第二节　国有企业投资房地产对中国经济结构的影响 ... 118
一、国有企业投资房地产对产业结构的影响 ... 118
二、国有企业投资房地产对区域结构的影响 ... 123

第三节　国有企业投资房地产与国家宏观调控 ... 127
一、房地产调控影响宏观经济增长的作用机制 ... 127
二、国有房地产企业在宏观调控中的地位 ... 130

第六章　结论及政策建议 ... 135

第一节　基本结论 ... 135
第二节　政策建议 ... 138

参考文献 ... 149
后　记 ... 159

第一章 绪论

一、研究背景及研究意义

房地产行业是一个备受关注的行业,也是一个饱受诟病的行业。国务院发布《国务院关于进一步深化城镇住房制度改革—加快住房建设的通知》,规定从1998年下半年停止住房实物分配,逐步实行住房分配货币化。自此以后,房地产行业进入了高速发展的时期,在短短的十几年的时间里,中国房地产行业快速发展,不仅建立了一个规模大、门类齐全的产业体系,形成了大批有国际竞争力的大型企业集团,而且大幅改善了老百姓的住房条件,促进了城镇基础设施的完善。客观来讲,中国经济能够取得今天这样的发展成就,房地产行业功不可没。然而,房地产行业在取得巨大发展成就的同时,也引起了很多非议。其中,舆论关注的焦点主要在于房地产价格。房地产价格的飞速增长导致了社会财富的重新分配,一批人因为所拥有的房地产升值而实现财富的大幅增长,但也有一批人因为没有赶上购房的时机而变为"无房户"。这种财富结构的剧烈变动带来了一系列的社会问题。同时,经过一段时期的高速发展之后,我国房地产行业也面临着自我调整的内在需求。目前我国房地产行业高价格和高空置率并存,一方面由于土地成本的日益高涨以及房地产的投资属性,决定了房地产企业没有意愿和能力去大幅降低价格;另一方面房地产的空置率很高,大量楼盘严重挤压,截至2015年2月,我国商品房待售面积已经达到了63922万平方米,其中住宅商品房待售面积达到了42177万平方米。有专家预测，2015年商品房待售面积可能会超过70000万平方米，甚至在未来进一步超过75000万平方米。规范房地产行业市场秩序、推动房地产行业的健康可持续发展，已经成为当前的迫切任务。

国有企业投资房地产是我国从计划经济向市场经济过渡下的产物。1979年以后，我国开始了住宅出售和组织私人建房的试点工作。在国家政策的鼓励下，到1980年3月已有100多个城市由房管部门直接组建了住宅建设公司，成为了国有房地产企业的重要来源。1981年，经国务院批准，原国家建工总局和中国人民建设银行总行联合组建了中国房屋建设开发公司，后于1988年1月更名为中国房地产开发总公司，主要任务是"用经济办法经营房地产，在我国推行城市房屋综合开发和商品化经营试点"。随后一段时间里，大大小小的国有房地产企业迅速增长，成为我国房地产行业的奠基者。后来到了1992年邓小平南方谈话以后，大量的私营房地产企业迅速兴起，尤其是1998年国家停止住房实物分配以后，私营房地产企业发展速度远远超过房地产企业，我国房地产行业格局发生了根本性变化。民营企业成为我国房地产行业的主导力量，相比之下，国有房地产企业占房地产行业的比重大幅下降。2012年国有房地产企业数量占所有房地产企业数量的比重已不足4%，国有房地产企业从业人数占所有房地产企业从业人数的比重已不足6%，国有房地产企业资产总额占所有房地产企业资产总额的比重已不足10%。

国有企业投资房地产引起了理论界和实业界的很大争议。部分学者认为国有企业投资房地产会导致市场竞争秩序的破坏，对私营房地产企业造成挤出效应，并且会带来社会福利的损失，因此应当坚决让国有经济退出房地产行业；但也有一部分学者认为，国有房地产企业占整个房地产行业的比重并不高，并不会形成垄断，甚至国有企业投资房地产有利于国家控制房价，因此应当对此予以支持。这种争论从20世纪90年代就已经产生了，到目前也未停止。尤其是在2009年和2010年以后，国有企业"天价拿地"，催生了一个又一个的"地王",民众对国有企业投资房地产问题再度给予了高度关注,甚至进行了十分激烈的批评。在这种背景下,2010年3月18日,国资委召开新闻发布会表示,除16家以房地产为主业的中央企业外,还有78家不以房地产为主业的中央企业正在加快进行调整重组,在完成企业自有土地开发和已实施项目等阶段性工作后要退出房地产业务。然而"退房令"发出以后,并没有取得预期的效果,中央企业退出房地产业的步伐十分缓慢。甚至在2011年,国资委对"退房令"进行了补充,规定鲁能集团、中航工业、神华集团、中煤集团和新兴集团将获准保留地产业务,允许涉足地产的中央企业扩大至21家。对此,外界纷纷表示质疑,认为"退房令"发布以后,中央企业非但没有退出,而且房地产行业还出现了"国进民退"的现象。

总之,无论是理论界还是实业界,均对国有企业投资房地产和房地产行业的发展问题给予了高度关注。然而,对于国有房地产企业是否应当退出以及我国房地产行业如何实现健康可持续发展,并没有形成统一的意见。十八届三中全会以后,国家加快了国有经济战略性调整的步伐,如何对国有经济进行战略性布局、正确发挥国有企业在国民经济中的作用,已经成为一个影响我国经济体制改革方向的重大战略性问题。

二、相关理论及研究评述

对于国有企业投资房地产,以往的许多研究成果有所涉及,但目前尚未形成系统性的研究成果。本部分内容将重点对这些不同角度的研究成果进行汇总评述,从而为本书后面的研究提供借鉴。

1.房地产周期

国外早期的房地产周期理论的研究内容主要集中对房地产周期的识别和描述方面。早期国外学者将房地产周期与建筑周期混为一谈,其代表人物为美国学者Mitchell（1927）和Burns（1935），前者分析了影响房地产周期的因素，后者以实证研究的方法探索了美国房地产周期的存在，认为美国房地产长周期为18年。

我国关于房地产周期界定方面的研究始于20世纪90年代。张元端（2004）和梁桂（1996）采用单项指标法描述了我国房地产业周期波动的现象和特性，前者采用国内生产总值（Gross Domestic Product, GDP）增长率和全国商品房销售额增长率指标比较，后者采用全国商品房销售面积指标进行分析；何国钊等（1996）利用单项指标法，景气循环法等方法来描述和界定我国房地产业周期波动现象及其特点。范明君（2010）采用主成分分析法确定综合指数来反映房地产市场增长周期波动，以河北省1999～2008年统计数据为基础进行了实证研究。

20世纪80年代，国外房地产周期研究转向周期形成机理的研究，代表人物是美国房地产专家Pyhrr（1982）和Born（1994），该理论认为，房地产周期是指宏观的房地产市场发展呈周期循环波动态势，该波动周期主要由市场供求状况决定，与宏观经济周期密切相关，且每一周期都包含复苏、发展、繁荣、衰退和萧条五个不同阶段，研究了房地产投资、通胀水平和投资项目生命周期等变量对房地产价值的影响，在此基础上建立了房地产周期模型。

20世纪90年代以后，国外在房地产周期的识别以及微观解释方面有了一些新的进展。1999年，Yoon Dokko 和 Robert H. Edelstein 等运用美国大都市统计区（MSA）城市写字楼统计数据，将GDP、就业率、通胀率等经济基本面指标作为房地产价值的影响因素建立了统计模型，得出不同地区城市写字楼市场周期特征，为投资组合提供依据。同年，John M.Quigey利用美国主张统计数据对几种主流房地产周期解释模型从经济基本面因素和预期因素角度分别进行了检验研究，得出两方面因素在不同模型中的解释力比较。

国内一些学者同样对房地产周期波动形成机理及影响因素进行

了研究。例如，中国社会科学院专业课题组（2004）在全国统计数据（1979~2002年）基础上，对房地产周期波动、特征及影响因素进行了分析研究。行为经济学的引入，为房地产周期研究提供了一个崭新的研究视角，即从市场微观主体的人的心理和行为入手，进行各种经济现象和规律的解释。关涛（2005）以行为经济学理论，从微观主体决策的角度出发为房地产经济周期的行为机制提供了一个分析模型，但因数据可获得性限制，实证研究无法进行标准的计量检验。周南（2011）以上海市为例，对房地产周期的微观主体影响因素进行了实证分析。

2. 房地产价格泡沫

日本、泰国、美国等很多国家的房地产泡沫破裂给企业和银行等金融机构带来了巨大损失，甚至导致宏观经济的大衰退，从而也引起了各国经济学家对房地产泡沫问题的巨大关注（Peter等，2013）。1995年，Kazuo Sato认为日本房地产市场中对价格上涨的预期，引起了供求关系矛盾，产生房地产泡沫；1999年，Bertrand M. Rehne认为巴黎1984~1991年房地产市场中的投机因素对市场供求的影响，产生了房地产泡沫。

国外房地产泡沫形成机理研究主要包括房地产泡沫与经济基本面因素（金融政策）、房地产泡沫与预期之间的相互影响两部分内容（Roselyne、George，2015）。经济基本面的宏观经济因素对房地产市场（泡沫）的影响是长期影响，这些因素影响的是房地产投资中的基础部分，该类研究的代表人物是K.Nakamura等（2007）和M.J.Rocheetal（2000）。预期等随机性因素对房地产市场（泡沫）的影响是短期的，这些因素影响的是房地产投资中的非基础部分，预期通过外部效应、羊群效应和市场的非理性程度等综合作用于房地产投资；于是，在市场信息不对称情况下，投资者的非理性预期过于乐观，市场形成泡沫，反之，导致泡沫破裂（Peddy、Dominique，2007）。

国外对房地产泡沫与宏观经济基本面因素之间相互影响性的研究也很多。1998年，Allen认为是由金融机构代理问题引起的过度信贷扩张导致了房地产泡沫；1999年，Krugman认为房地产泡沫的形成与银行融资有关；2004年，Charles Leung研究了房地产市场发展与税收、房地产周期等宏观经济因素的关系。与国外相同，国内房地产以宏观经济理论为研究基础，也对房地产周期理论和房地产泡沫理论进行了研究。

3. 房地产投资对国民经济的作用

房地产行业是国民经济的支柱产业，也能够对经济结构变化产生重要影响。Hassan、Usama 和 Abdul（2014）发现，随着一个国家经济的发展，房地产行业在国民经济中的比重将会稳步提升，但不应超过一个限度，否则就会造成经济结构的失衡，造成经济危机的发生。Andrade、Mitchell 和 Stafford（2001）的研究中对企业投资活动进行了详尽的分析（见表1-1）。1973～1998年，4300个完整的投资案例构成了他们的研究样本。Andrade、Mitchell 和 Stafford（2001）发现，在20世纪70年代，每年兼并活动最活跃的五个行业是金属采掘业、房地产业、石油与天然气业、服装制造业和机械制造业。20世纪80年代这五个行业分别是石油与天然气业、纺织业、综合制造业、非储蓄信贷业和房地产业。20世纪90年代，这五个行业分别是金属采掘业、媒体与通信业、银行业、房地产业和旅店业。可见，1970～2000年房地产行业一直处于西方国家投资活跃的前五大行业位置，其对国民经济、社会福利和公司发展均有积极作用。

表1-1 Andrade、Mitchell 和 Stafford（2001）的研究成果

20世纪70年代	20世纪80年代	20世纪90年代
金属采掘业	石油与天然气业	金属采掘业
房地产业	纺织业	媒体与通信业

第一章 绪论

续表

20世纪70年代	20世纪80年代	20世纪90年代
石油与天然气业	综合制造业	银行业
服装制造业	非储蓄信贷业	房地产业
机械制造业	房地产业	旅店业

资料来源：Gregor Andrade, Mark Mitchell, Erik Stafford.New Evidence and Perspective on Mergers [J].The Journal of Economic Perspective, 2001, 15（2）:103-120.

三、主要内容与基本框架

本书从国有企业投资房地产的现状和历程出发，分析了国有企业投资房地产行业对企业绩效、产业组织、宏观经济的影响，在此基础上提出了促进房地产行业健康可持续发展的政策建议。本书共分为六章，研究框架如图1-1所示。

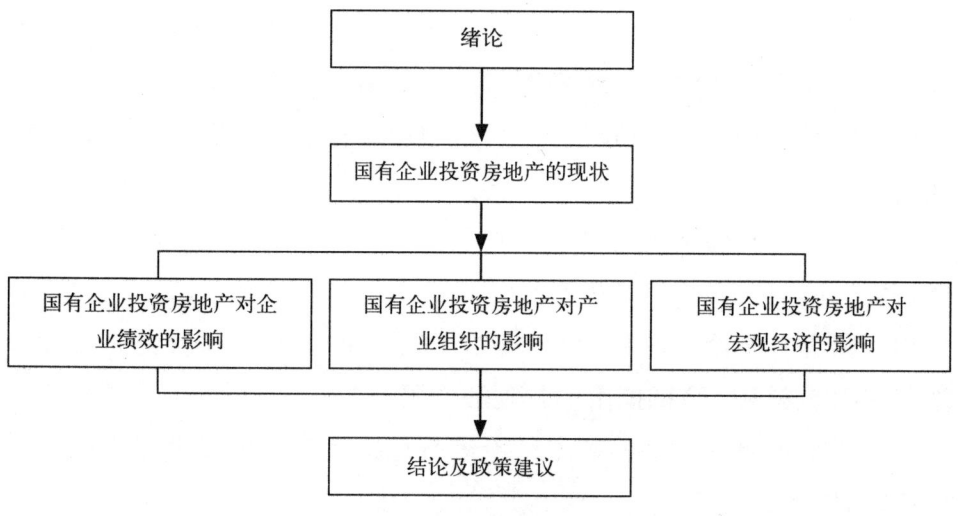

图1-1 本书研究框架

第一章为绪论。主要介绍了选题的背景意义，对现有研究进行回顾，并说明了本书的结构、研究方法，主要创新不足之处。

第二章对国有企业投资房地产的现状进行了研究。改革开放以来，我国房地产行业从无到有，经历了一个快速增长的过程，既取得了巨大的发展成就，也积累了很多问题。国有企业投资房地产对我国房地产行业的发展做出了重要贡献，但目前来看国有房地产企业的比重已经大大降低。国有企业，尤其是中央企业，积极参与保障性住房建设，对保障低收入群体利益发挥了重要作用。

第三章从企业层面研究国有企业投资房地产对企业绩效造成的影响。利用沪、深两市上市公司数据建立面板数据模型，并根据股权的实际控制人的不同将上市房地产企业分为中央房地产企业、地方国有房地产企业和其他所有制企业，通过实证分析认为国有资本控股房地产企业能够显著提升企业的经营绩效。分析原因，主要是企业内部治理机制和外部治理机制两种作用方向相反的力量综合作用的结果。

第四章在产业组织理论的基础上，采用哈佛大学经济学教授梅森（E. Mason）和贝恩（J. Bain）提出的"市场结构（Structure）—市场行为（Conduct）—市场绩效（Performance）范式"（简称SCP范式），对国有企业投资房地产对房地产行业的影响进行分析，主要包括国有企业投资房地产对房地产行业市场结构的影响、国有企业投资房地产对房地产行业市场行为的影响和国有企业投资房地产对市场绩效的影响。

第五章分析房地产投资，尤其是国有企业投资房地产对宏观经济所带来的影响，其中包括国有企业投资房地产对宏观经济增长的拉动作用、国有企业投资房地产对宏观经济结构的影响、国有企业投资房地产在国家宏观经济调控中所起到的作用。

第六章主要对本书的基本结论进行总结，并提出促进房地产行业健康发展的政策建议。

四、研究方法和研究工具

1. 研究方法

本书总体上采取了演绎推理和归纳总结、理论分析和实证分析、

第一章　绪论

分类研究和比较研究相结合的研究方法。

（1）既有演绎推理，也有归纳总结。本书总体上采用了演绎推理的思路，对国有企业投资房地产的历史、现状、影响进行分析，在这一逻辑框架的基础上研究国有企业投资房地产的合理性问题；同时，又注重对国有房地产企业的行为进行总结，总结出国有企业投资房地产的规模结构特征。

（2）既有理论分析，也有实证分析。本书采取了公司治理、产业组织、经济增长等相关理论对国有企业投资房地产进行了理论研究；同时，又利用上市公司面板数据、经济增长时间序列数据对国有企业投资房地产所能带来的影响进行了实证分析。

（3）既有分类研究，也有比较研究。本书在分析国有企业投资房地产问题时，将其分为四种不同情形，进行了对比分析，并针对其投资动机的不同，提出了不同的解决思路。

2. 研究工具

在研究方法的选择上，为了更好地研究国有企业投资房地产对企业绩效和产业组织的影响，本书重点采用了面板数据模型和情景分析两种研究工具。

（1）面板数据模型。为了分析国有企业投资房地产对企业绩效的影响，本书利用沪、深两市上市公司数据建立了面板数据模型。由于我国微观层面的统计数据不够充分，无法获得所有房地产企业的股权结构数据和相应的经营绩效数据，因此将采用上市公司数据作为样本研究房地产企业股权结构与公司绩效的关系。在具体变量设置上，将净资产收益率（ROE）作为被解释变量，将股权性质（设置为0、1、2的虚拟变量）、第一大股东持股比例、前十大股东持股合计作为解释变量，将资产总额、资产负债率作为控制变量。在模型选择上，同时使用了混合OLS模型、固定效应模型、随机效应模型三种模型，并对结果进行了比较分析。

（2）情景分析。为分析国有企业投资房地产对产业组织的影响，本书建立了房地产企业市场行为模型，并针对假设条件的不同设置了四种不同的情景。在不同的情景下，国有房地产企业和民营房地产企业之间的竞争将会形成截然不同的占优均衡，而这四种不同的占优均衡将带来截然不同的市场绩效。

五、创新及不足之处

1. 创新

本书创新之处主要体现在三个方面：

（1）研究视角的创新。目前对房地产投资问题的研究已经汗牛充栋，但是对于国有企业投资房地产问题的研究却相对较少。少量的专门针对国有企业投资房地产问题研究的文章，也大多是针对某一特定方面进行了表述，缺乏系统性和完整性。本书是从企业、行业和宏观经济三个层面对国有企业投资房地产的影响进行了系统研究。事实上，正如前文所述，在国家国有经济战略性重组和混合所有制改革的大背景下，研究国有企业投资房地产问题，不仅具有重要的理论意义，而且具有重要的现实意义。本书在研究视角上具有一定的创新性。

（2）研究方法创新。本书采用了面板数据模型和情景分析两种工具研究国有企业投资房地产对企业绩效和产业组织的影响。采用面板数据模型研究资本结构对企业绩效的影响算不上创新，因为很多学者已经做过尝试，但是笔者的创新在于将股权性质设置成取值为0、1、2虚拟变量，其中，0代表股权实际控制人为私营或者外资，1代表股权实际控制人为地方政府和地方国资委，2代表股权实际控制人为国资委或其他国家部委。之所以采取这种设置方式而非传统的股权占比，是因为笔者认为控股60%与控股80%在对企业的影响力上不会产生根本性差异，相反是否为企业实际控制人这一点十分关键。从这一点来看，

第一章 绪论

本书的面板数据模型具有创新性。另外,笔者在研究国有企业投资房地产对产业组织的影响时,采用了情景分析的方法,分析不同情景下市场行为的占优均衡,这种方法未见有其他学者用于房地产行业的研究,因此具有一定的创新性。

(3)研究结论创新。本书将国有房地产企业分为以下四种类型:以房地产为主业的国有企业;不以房地产为主业,但仍以盈利为主要目的从事房地产业务的国有房地产企业;不以房地产为主业,也不以盈利为主要目的,但仍从事小规模房地产开发的国有房地产企业;地方政府平台公司转变而来的国有房地产企业。在分类的基础上针对四种不同类型国有企业采取不同的政策思路。这在结论上具有一定的创新性。

2. 不足之处

本书的不足之处主要体现在两个方面:

(1)对国有企业投资行为模式剖析不足。国有企业投资房地产与私营企业投资房地产在投资行为模式方面存在很大差异,如在文献综述中提到了国有企业存在过度投资的倾向。然而,受限于时间、精力,本书未专门设置章节对国有房地产企业投资行为模式进行深入分析。

(2)缺乏对单个企业进行深入的案例研究。如果能够以案例的研究方法,对某个国有房地产企业的成立和发展进行深入剖析,那么将有助于读者更好地理解国有企业投资房地产的历程。然而,受限于时间、精力,本书并没有专门进行案例研究。

针对本书存在的不足,笔者将会在未来的工作、学习中继续推进,从而使整个研究更为完善。

第二章　国有企业投资房地产的现状

房地产行业是涉及民生的支柱产业,直接关系到人民生活质量的提高和消费的增长,对国民经济发展和就业增长具有很强的拉动效应。本书对国有企业投资房地产的现状进行了研究。第一节分析了我国房地产行业发展现状,指出改革开放以来,我国房地产行业从无到有,经历了一个快速增长的过程,既取得了巨大的发展成就,也积累了很多问题;第二节分析了国有企业投资房地产对我国房地产行业的发展做出的重要贡献,以及目前国有房地产企业的规模结构情况;第三节分析了中央企业投资房地产的现状,指出中央房地产企业积极参与保障性住房建设,对保障低收入群体利益发挥了重要作用。

第一节　我国房地产行业发展现状

房地产行业是以土地和建筑物为经营对象,集房屋、市政、工业、建筑和商业等综合开发为一体的产业,是具有先导性、基础性、带动性和风险性的产业。房地产行业的发展不仅对于提升人民生活水平具有重要作用,而且能够对整个国民经济的平稳快速增长产生重要影响。

一、房地产行业的基本特征

房地产业在国家2011年第三次修订的《国民经济行业分类和代码表》中编码为K70，下设房地产开发经营（7010）、物业管理（7020）、房地产中介服务（7030）、自由房地产经营活动（7040）、其他房地产业（7090）五个子行业，本书的研究对象主要是房地产开发经营企业。房地产行业与前后产业之间具有密切的关联性（见图2-1）。从前端来看，房地产开发企业需要与建筑公司、设计公司、研究公司、金融机构等不同类型产业形成关联，而建筑公司在前端又会进一步与钢材、水泥、玻璃、木材、机械、家电等材料供应商形成关联，与工程监理等服务型企业形成关联。从后端来看，房地产开发企业在服务顾客的同时，需要与代理商、装修装饰、中介服务、物业服务等企业形成关联。房地产行业产业链的复杂性决定了房地产行业在国民经济中具有十分重要的地位。

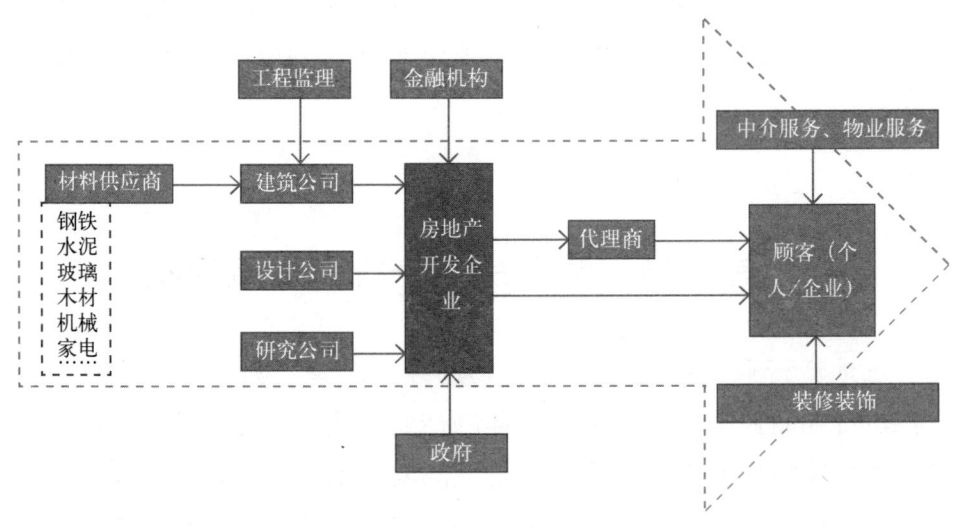

图2-1 房地产行业产业链

资料来源：Wind数据库。

第二章 国有企业投资房地产的现状

对房地产开发经营企业来讲，营业收入来源可以主要分为商品房屋销售收入、房屋出租收入、土地转让收入和其他收入四个部分（见图2-2）。从沪、深两市上市公司收入统计来看，商品房屋销售收入是房地产开发企业的主要收入来源，约占房地产开发企业总收入的93.0%，其余的则是房屋出租收入，约占房地产开发企业总收入的2.3%，土地转让收入约占房地产开发企业总收入的1.6%，其他收入约占房地产开发企业总收入的3.1%。

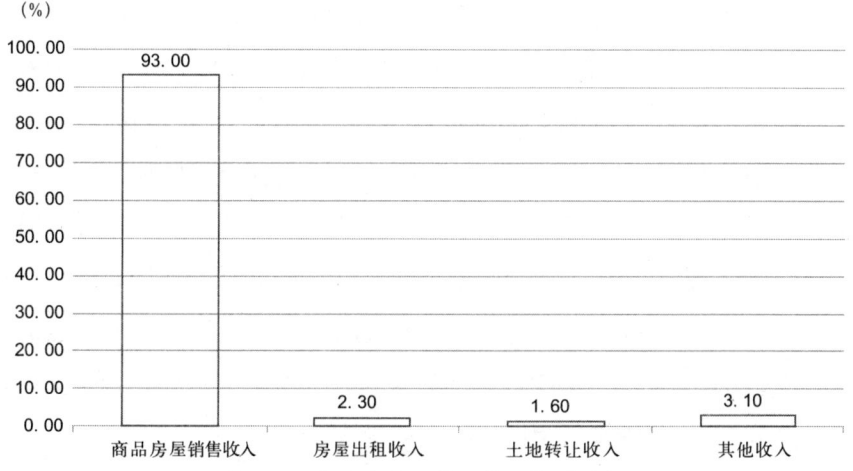

图2-2 房地产企业营业收入构成比例

资料来源：Wind数据库。

对房地产开发经营企业来讲，开发成本主要可以分为四个部分（见图2-3）。一是土地成本，包括土地使用权出让金、土地征收及拆迁安置补偿费和"三通一平"等土地开发费用等。土地成本是房地产企业开发成本中占比最大的部分，且在不同的年份、不同的地区之间相差很大。从不同年份来看，近年来我国土地成本出现了明显上涨。2014年底我国主要城市平均地价已经达到了3522元/平方米，居住用途土地平均价格已经达到了5277元/平方米，而2005年初我国主要城市平均地价仅为1212元/平方米，居住用途土地平均价格仅为1184元/平方米。2005年初到2014年底十年的时间，主要城市平均地价上涨了接近2倍，居住用途平均地价上涨了近3.5倍，居住用途平均地价上涨速度远远高于城市平均地价上涨速度。从不同区域来看，一线城市地价远远高于二线城市和三线城市，具有明显的级差地租特征。据估算，中国一线城市，一个建筑的土地成本能够达到70%，而全国平均大概是40%。二是建安工程成本，包括建筑工程费（建筑、特殊装修工程费）、设备及安装工程费（给排水、电气照明、电梯、空调、燃气管道、消防、防雷、弱电等设备及安装）以及室内装修工程费等。这部分成本会根据建筑类型而有所不同，据统计，目前多层住宅建筑的建安工程造价为1362元/平方米，小高层住宅建筑的建安工程造价为1654元/平方米，高层住宅建筑的建安工程造价为1817元/平方米，且近年来随着国家标准的日益严格，住宅建筑建安工程造价呈现上升趋势。从目前全国平均来看，建安工程成本占项目总成本的30%左右。三是基础设施和公共配套设施成本，包括供水、供电、供气、道路、绿化、排污、排洪、电信、环卫、公共设施建设费用等。这部分成本在不同项目之间差异较大，往往受到政府等相关部门影响。这部分成本随意性较大，平均占到项目总成本的10%左右。四是其他成本，包括项目管理费用、资金使用成本、税费支出成本等。这部分成本占到项目总成本的20%左右。

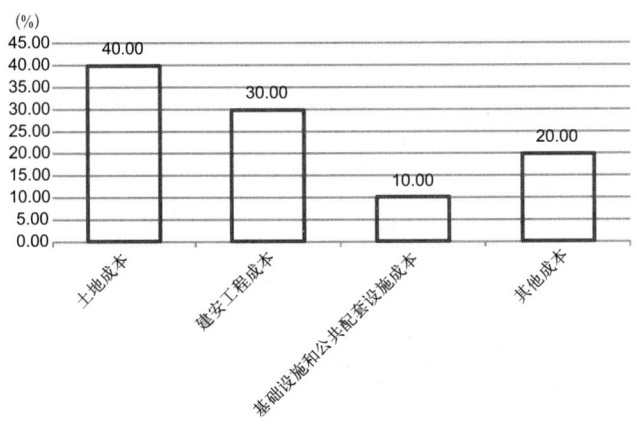

图2-3　房地产企业开发成本构成比例

资料来源：笔者根据企业资料综合整理。

第二章 国有企业投资房地产的现状

不同的房地产开发企业往往针对不同的客户群体，开发出了不同的商业地产产品，具体主要可以分为四种（见表2-1）。一是住宅地产，主要针对的客户群体是有购房需求的普通城市居民，典型产品包括普通住宅、别墅、酒店式公寓等，产品特征主要是以销售为主、开发周期短、风险较大，企业经营的影响因素主要包括人口数量与结构、收入水平、居住条件及需求、位置、环境配套等，国内的代表企业主要有万科、恒大地产等。二是商业地产，主要针对的客户群体是具有经营需求的企业或私人业主，典型产品包括商场、商铺、写字楼等，产品特征是销售和持有并举、开发运营周期长、资金占用大等，企业经营的影响因素主要包括人口数量、城市规模、城市经济水平、城市产业结构等，国内的代表企业主要有万达集团、SOHO中国等。三是工业地产，主要针对的客户群体是那些发展基础比较薄弱，但区位条件较好，具有发展潜力地区的地方政府部门，房地产开发企业通过参与这些地区的开发区建设和城市基础设施建设，帮助政府进行招商引资，促进该地区经济发展和财政收入增长，并与地方政府对增加部分的税收进行分成而获得盈利，典型产品包括仓库、厂房等，产品典型特征是持有为主、收益稳定等，企业经营的影响因素主要包括城市工业特点、地位及结构，城市规划布局等，国内的代表企业主要有华夏幸福基业、光谷联合等。四是旅游地产，主要针对的客户群体是游客、展览企业等，典型产品是主题公园、度假村、会展中心等，产品特征是持有为主、专业性强、进入壁垒高等，企业经营的影响因素主要包括旅游资源吸引力、交通便捷程度等，国内的代表企业是华侨城等。

表2-1 房地产开发企业商业地产的四种产品类型

产品类型	住宅地产	商业地产	工业地产	旅游地产
典型产品	普通住宅 别墅 酒店式公寓	商场 商铺 写字楼	仓库 厂房	主题公园 度假村 会展中心

续表

产品类型	住宅地产	商业地产	工业地产	旅游地产
产品特征	销售为主 开发周期短 风险较大	销售持有并举 开发运营周期长 资金占用大	持有为主 收益稳定	持有为主 专业性强 进入壁垒高
主要影响因素	人口数量与结构 收入水平 居住条件及需求 位置、环境配套	人口数量 城市规模 城市经济水平 城市产业结构	城市工业特点、地位及结构 城市规划布局	旅游资源吸引力 交通便捷程度
代表企业	万科 恒大地产	万达集团 SOHO中国	华夏幸福基业 光谷联合	华侨城

资料来源：Wind数据库。

除了商业地产以外，房地产企业，尤其是国有房地产企业还从事限价商品房、公租房、棚改房、经济适用房、廉租房等保障性住房的开发。加强保障性住房建设是国家促进经济社会稳定、调控经济增长的重要手段。对于房地产开发企业来讲，保障性住房项目往往是低利润，甚至是负利润项目，之所以要从事保障性住房建设主要是维持政府关系的需要，从而能够在其他项目中获取更好的条件。随着房地产市场价格的持续走高，国家对保障性住房建设给予了高度重视。2011年和2012年，国家对各类保障性住房用地的实际供应面积占总体住房用地实际供应面积比重为35%左右，其中最多的是棚户区改造，其次是经济适用房和廉租房，最低的是公共租赁房和限价房（见图2-4）。

第二章　国有企业投资房地产的现状

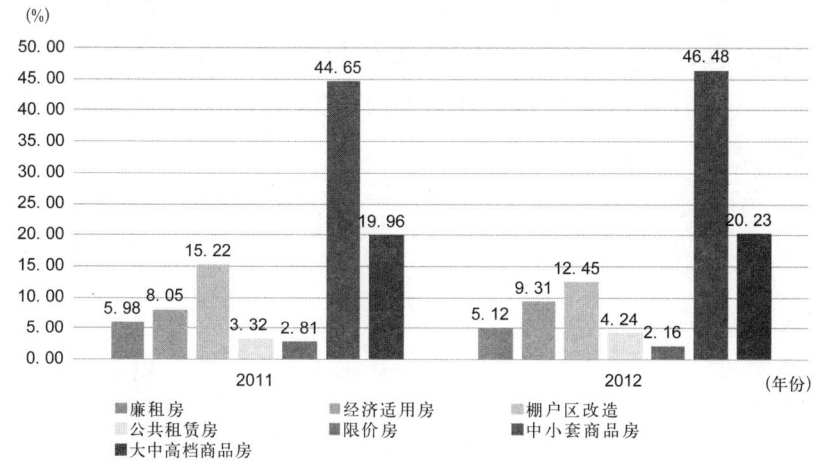

图2-4　国家不同类型住房用地实际供应面积比例

资料来源：笔者根据Wind数据计算。

二、我国房地产行业发展取得的主要成就

改革开放以来，中国房地产行业快速发展，不仅建立了一个规模大、门类齐全的产业体系，形成了大批有国际竞争力的大型企业集团，而且大幅改善了老百姓的住房条件，促进了城镇基础设施的完善。

（1）建立了一个规模大、门类齐全的产业体系。改革开放初期，我国房地产行业规模很小，产业门类也不齐全，少量的房地产企业基本都是国有企业。然而，经过多年的发展，房地产行业规模已经逐步壮大，房地产行业增加值已经由1978年的79.9亿元上升到2014年的38116亿元，不考虑价格因素的情况下增长了476倍；考虑到价格因素以后，房地产增加值的年均增速为10.93%。房地产行业增加值占GDP的比重也出现稳步提升趋势，从1978年的2.20%上升到2014年的6%，这一比重的上升是在GDP高速增长的背景下实现的，反映了房地产行业的高速增长（见图2-5）。目前，房地产行业门类日益齐全，住宅地产、商业地产、工业地产和旅游地产等不同类型房地产产品经由不同的企业进行重点经营，同时房地产行业产业链环节也比较齐备，上、中、下环节全面发展，逐步形成了彼此依赖、彼此影响的共生产业生态系统。

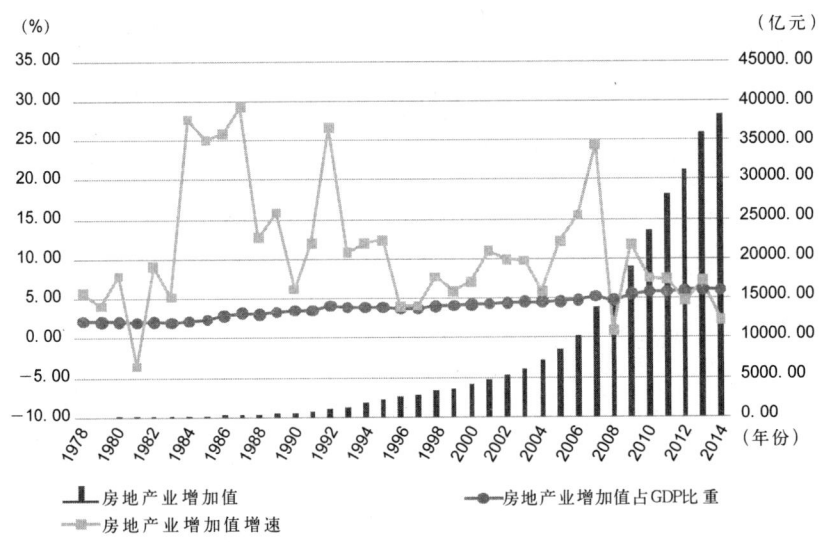

图2-5　房地产行业的规模增长

资料来源：Wind数据库。

（2）形成了大批有国际竞争力的大型企业集团。形成一些具有竞争力的大型企业集团是一个行业健康发展的必要条件。对于大部分行业来讲，良好的产业组织结构是大、中、小企业相互配合，其中大型企业在整个行业发展中起到引领作用，而中小企业则各自针对自身的市场实施差异化经营。我国房地产行业经过多年发展，房地产企业的规模和效率均出现了明显提升。从规模上看，1997年我国房地产开发企业单个企业平均资产规模仅仅为7712.56万元，到2012年达到了39156.75万元，增长了4倍，企业规模的增长是房地产企业资产重组的结果，反映了产业组织结构的优化。从劳动生产率来看，1997年我国房地产企业劳动生产率仅仅为42.76万元/人，到2012年上升为130.92万元/人，增长了2倍多，反映了房地产行业资本深化程度和技术水平的提升（见表2-2）。

表2-2 我国房地产企业的规模和效率情况

年份 \ 指标	房地产开发企业单个企业平均从业人数（人）	房地产开发企业单个企业平均资产规模（万元）	房地产企业劳动生产率（万元/人）
1997	32	7712.56	42.76
1998	34	8009.75	41.59
1999	34	7276.14	41.83
2000	36	9224.62	42.69
2001	36	9666.63	44.38
2002	35	10130.34	47.15
2003	32	10906.04	51.21
2004	27	10429.96	45.25
2005	27	12825.30	56.17
2006	27	15056.72	64.78
2007	28	17767.39	80.30
2008	24	16540.69	70.17
2009	24	21165.35	97.30
2010	25	26340.34	112.71
2011	26	32160.45	124.80
2012	27	39156.75	130.92

资料来源：Wind数据库。

（3）大幅改善了老百姓的住房条件。产业的发展最终还是为了消费，为了满足人民群众的物质文化需求。住宅房地产行业的发展归根结底是为了改善老百姓的居住条件。事实也确实如此。改革开放以来，我国城乡居民的居住环境得到了根本性的改善。1978年我国城市人均住宅建筑面积为6.7平方米，农村人均住房面积为8.1平方米；到2012年城市人均住宅建筑面积增长为32.91平方米，增长了近4倍，农村人均住宅面积为37.09平方米，增长了3.6倍（见图2-6）。从年均增速来看，城市人均住宅建筑面积年均增长4.86%，农村人均住房面积年均增长4.63%。

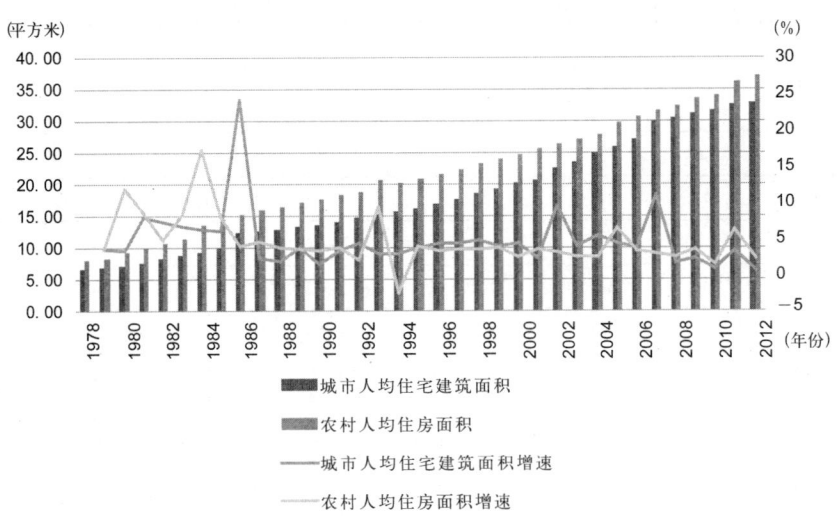

图2-6 我国城乡人均住宅建筑面积变化

资料来源：Wind数据库。

（4）促进了基础设施的完善。改革开放以来，我国城镇基础设施得到了极大的完善，无论是城市（县城）建成区面积、城市（县城）实有道路面积还是城市（县城）公园面积都获得了快速提升。2002~2013年，我国城市建成区面积、城市实有道路面积、城市公园面积、县城建成区面积、县城实有道路面积、县城公园面积分别增长了84.25%、132.40%、229.72%、85.81%、173.04%和31.27%（见表2-3）。很多人在总结中国经济发展经验时，认为完善的基础设施是中国经济能够快速腾飞的重要原因。客观来讲，对于我国基础设施的完善，房地产企业功不可没。很多城市在发展中严重缺乏建设资金，为加快基础设施建设，往往与房地产企业进行合作，由房地产企业出资修建基础设施，然后通过BT、BOT的方式进行投资回收。对地方政府来讲，基础设施的完善可以带动相关地块的升值，从而进一步提高土地价格，获得更高的卖地收入。卖地收入的提高又可以进一步加快基础设施建设。换句话讲，如果没有房地产企业的支撑，我国基础设施完善的步伐将大大减慢。

表2-3 我国基础设施的建设情况

指标\年份	城市建成区面积（平方公里）	城市实有道路面积（平方公里）	城市公园面积（平方公里）	县城建成区面积（平方公里）	县城实有道路面积（平方公里）	县城公园面积（平方公里）
2002	25972.55	277179.00	100038.00	10496.00	83100.00	73612.00
2003	28308.00	315645.15	113462.01	11115.00	90600.00	28930.00
2004	30406.19	352954.63	133845.99	11774.00	99200.00	33678.00
2005	32520.72	392166.47	157815.91	12383.00	108300.00	32830.00
2006	33659.80	411449.00	208056.00	13229.00	122600.00	39422.00
2007	35469.65	423662.00	202244.00	14260.00	134400.00	54488.00
2008	36295.30	452433.00	218260.00	14776.00	146000.00	51510.00
2009	38107.26	481947.00	235825.00	15558.00	159800.00	56015.00
2010	40058.01	521321.80	258177.00	16585.00	176000.00	67325.00
2011	43603.23	562523.18	285751.00	17376.00	192400.00	80850.00
2012	45565.76	607449.30	306245.00	18740.00	210200.00	85272.00
2013	47855.28	644154.75	329841.48	19503.00	226900.00	96630.00

资料来源：Wind数据库。

三、我国房地产行业发展面临的主要制约

我国房地产行业取得了巨大的发展成就，但到了今天，同样面临着一些发展条件的改变，制约着房地产行业的继续发展。这些因素既包括房地产企业内部的因素，也包括房地产企业外部的因素。具体主要包括以下几个方面。

（1）价格的过快增长制约了消费需求的增长。近十几年来，我国房地产价格经历了一个快速增长的过程。1999～2013年，全国房价平均上涨了2.15倍，而江西、浙江、上海、西藏、海南、山西等地房价上涨均超过4倍（见表2-4）。这种统计是一个粗略的计算，大大低估了房价上涨的速度。例如，以北京为例，按照统计局数据，1999～2013年，房价仅仅上涨了2.73%，1999年的平均住宅商品房价格为4787元/平方米，2013年的平均住宅商品房价格为17854元/平方米。实际上，这种统计在对象上已经发生了很大的改变。1999年，北京出售的住宅商品房主要是

位于三环以内，但到了2013年五环以内的新开盘住宅商品房都已经很少了，出售的住宅商品房主要位于五环以外，甚至是远郊区县。房地产业存在明显的级差地租特征，不同区位产品之间存在巨大差异，拿三环以内的住宅商品房价格与五环以外的住宅商品房价格进行简单比较是没有意义的。如果前后比较对象均限定为三环以内的住宅商品房，那么北京目前三环以内新开楼盘价格已经达到了8万元/平方米以上，二手房价格也在5万元/平方米以上，价格上涨了十几倍，远远超过国家统计局的计算结果。房地产的过快上涨引发了一系列的社会问题，不仅不利于老百姓生活水平的提高，而且影响到了社会稳定。为了制约房地产价格的过快上涨，国家出台了限购等一系列措施，而这些措施都是对市场机制的破坏，不利于整个房地产行业的健康发展。对房地产企业来讲，房价的过快上涨带动了土地价格的提高，而土地价格的提高又反过来促进了房价的上涨，以至于形成恶性循环，导致房价高居不下。

表2-4 我国不同地区住宅商品房平均销售价格

年份 地区	1999（元/平方米）	2001（元/平方米）	2003（元/平方米）	2005（元/平方米）	2007（元/平方米）	2009（元/平方米）	2011（元/平方米）	2013（元/平方米）	累计增长（%）
北京	4787	4716	4456	6162	10661	13224	15518	17854	2.73
安徽	1069	994	1346	2065	2505	3235	4371	4776	3.47
福建	1811	1791	2053	2801	4476	5366	7452	8618	3.76
甘肃	1067	1193	1175	1739	2146	2396	3130	3684	2.45
广东	2911	3102	2994	4149	5682	6360	7561	8466	1.91
广西	1267	1628	1699	1825	2386	3133	3554	4219	2.33
贵州	1111	1026	1143	1308	1899	2642	3490	3735	2.36
海南	1688	1904	2017	2855	4095	6291	9083	8633	4.11
河北	1309	1330	1343	1777	2505	3210	3767	4640	2.54
河南	959	1173	1289	1659	2081	2501	3123	3835	3
黑龙江	1420	1631	1622	1873	2354	3067	3683	4435	2.12
湖北	1237	1314	1452	2164	2937	3413	4142	4847	2.92
湖南	957	1123	1188	1405	2068	2532	3524	3908	3.08
吉林	1236	1455	1447	1756	2192	2788	4161	4228	2.42

续表

年份 地区	1999（元/平方米）	2001（元/平方米）	2003（元/平方米）	2005（元/平方米）	2007（元/平方米）	2009（元/平方米）	2011（元/平方米）	2013（元/平方米）	累计增长（%）
江苏	1461	1667	2017	3146	3834	4805	6145	6650	3.55
江西	729	864	964	1336	1998	2517	3822	4905	5.73
辽宁	1759	2003	2131	2652	3355	3872	4543	4918	1.8
内蒙古	979	1023	1077	1402	2015	2649	3341	3863	2.95
宁夏	1202	1310	1515	1765	1958	2824	3389	3917	2.26
青海	1265	1127	1342	1681	2206	2442	3090	3957	2.13
山东	1256	1361	1624	2295	2799	3390	4299	4797	2.82
山西	983	1249	1263	1876	2052	2552	3231	4211	3.28
陕西	994	1401	1390	1930	2487	3113	4705	4991	4.02
上海	3102	3658	4989	6698	8253	12364	13566	16192	4.22
四川	1163	1171	1229	1688	2753	3434	4595	5086	3.37
天津	2157	2308	2393	3987	5576	6605	8548	8390	2.89
西藏	749	1466	1745	1506	2662	2392	3312	3883	4.18
新疆	1314	1409	1487	1509	1960	2466	3287	3949	2.01
云南	1572	1853	1775	2001	2296	2723	3388	4176	1.66
浙江	1706	1821	2451	3973	5623	7890	9801	11016	5.46
重庆	1080	1133	1324	1901	2588	3266	4492	5239	3.85
全国	1857	2017	2197	2937	3645	4459	4993	5850	2.15

资料来源：Wind数据库。

（2）不公平的土地供给制度导致房地产企业发展受到挤压。我国土地采取了差别化的土地供给制度，对不同部门的用地、不同用途的用地采取了不同的供给方式。一是对于部队和党政机关用地，采取了无偿划拨的方式保障土地供应。目前，我国大量的城镇土地供给部队和党政机关，而这部分土地基本是零价格。二是对于工业用地，采取低价供给的方式。为吸引更多的工业投资，加快经济发展，地方政府往往以十分优惠的价格供给工业用地。例如，2014年12月我国重点城市工业用地价格仅为742元/平方米。由于工业用地价格十分优惠，因此很多工业企业以投资的名义占据并囤积了大量的土地。三是住宅用地和商业用地，采取高价供给的方式,政府从中获得巨大的卖地收入。例如,2014年12月我国重点城市居住用途和商业用途平均地价为5277元/平方米和6552元/平方米(见图2-7)。从本质上来讲,这种差异化的土地供给制度实际上是一种行业间的补贴,是牺牲了房地产行业的利益补贴了工业的发展。也正因为在住宅用地和商业用地上的高价供给,使得国家在部队和党政部门用地、工业用地上能够采取无偿划拨和低价供给的方式。这种不公平的土地供给制度造成了房地产行业发展受到挤压,这种挤压主要体现在成本上。对房地产企业来讲,由于土地成本日益上涨,所以不得不提高商品房的销售价格,而商品房销售价格的过快上涨又会抑制更多购房需求的形成,不利于整个房地产行业的可持续发展。

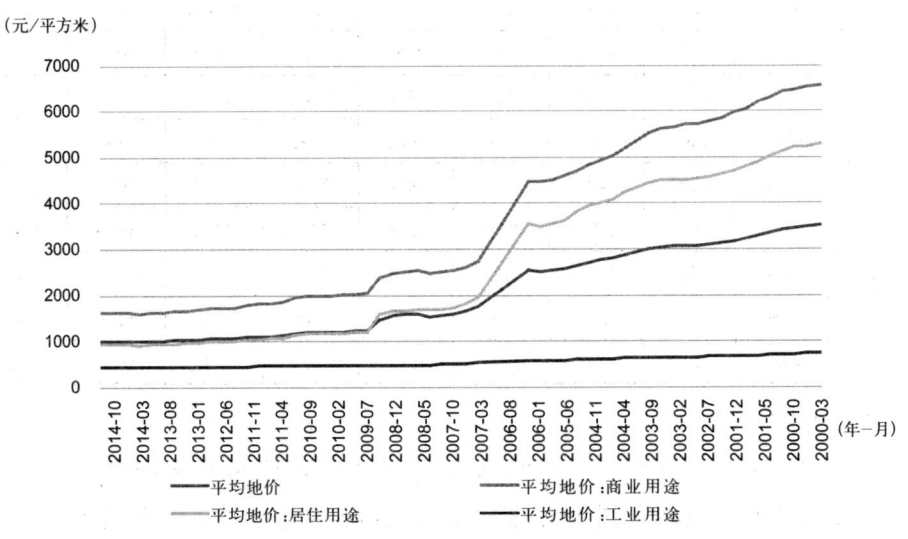

图2-7 我国重点城市平均地价

资料来源:Wind数据库。

(3)房地产企业面临着较大的库存压力。随着前一段时期商品房价格的上涨,大量的房地产企业开发了大量的产品。随着这些产品逐步推向市场,房地产市场出现了供大于求的形势。在这种情况下,很多企业前期开发的一些楼盘并不能很快地销售出去,以至于形成了大量的库存(见图2-8)。对房地产企业来讲,过高的库存意味着高额的资金占用，从而对自身的经营造成严重影响。目前，虽然我国商品房待售面积增速和住宅商品房待售面积增速已经大幅下降，但受房地产市场不景气影响，商品房待售面积总量和住宅商品房待售面积总量仍不断增长。截至2015年2月，我国商品房待售面积已经达到了63922万平方米，其中住宅商品房待售面积达到了42177万平方米。有专家预测，2015年商品房待售面积可能会超过70000万平方米，甚至在未来进一步超过75000万平方米。如此高的库存将会对房地产企业经营造成巨大压力，也对整个房地产行业发展造成深远影响。

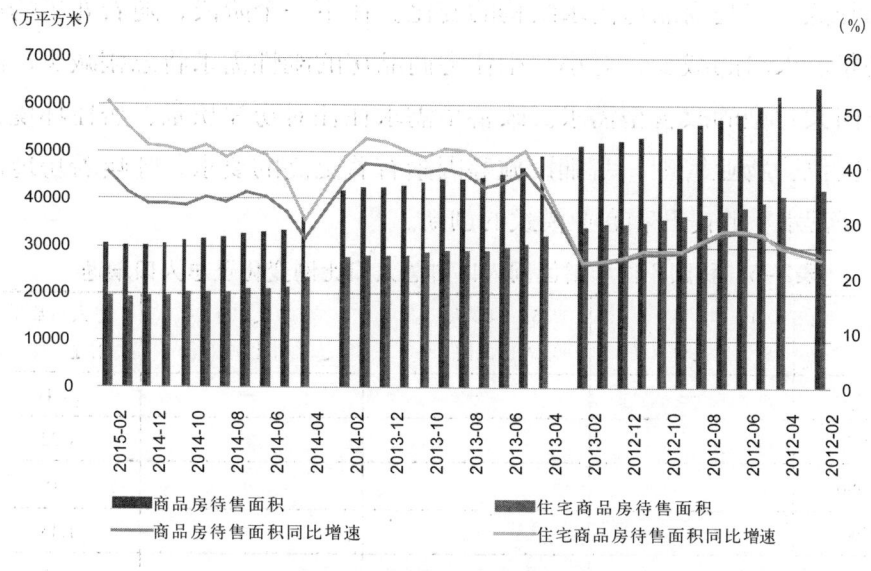

图2-8　我国商品房待售面积

资料来源：Wind数据库。

（4）人口规模和结构变化将使得房地产需求结构发生根本性转变。人口规模和结构的变化是影响房地产行业发展的最重要，也是最深远的因素。新中国成立以来，我国经历了以下三次生育高峰期：1949~1957年第一次人口生育高峰，八年人口净增长了1.05亿；1962~1970年第二次人口生育高峰，八年人口净增长了1.57亿；1981~1990年第三次人口生育高峰，九年时间人口增长了1.43亿。目前，第三次人口高峰期出生的人年龄已经达到了25~34岁，虽有部分人口尚处于购房结婚的年龄，但人数将逐步减少。从我国总人口数量增速变化来看，目前我国人口增速已经大大放缓，近五年人口增速的平均水平不足0.5%，远远低于20世纪90年代的水平；从人口结构来看，我国人口老龄化程度日益增强，0~14岁人口占总人口比例持续减少，65岁及以上人口占总人口比例持续增加（见表2-5）。这种人口数量和结构的变化将会对房地产行业的发展产生深远影响。一是商品房需求的总体数量将会减少。房屋住宅属于耐用消费品，使用寿命常常是几十年甚至上百年，随着我国人口数量的减少和人口结构的变化，房地产市场需求可能出现饱和，从而造成商品房需求的大幅降低。二是商品房需求结构的变化。在下一个阶段，随着处于购房结婚年龄人口的减少，对小户型住宅商品房的刚性需求将急剧减少，而是转向大户型的改善型需求。改善型需求往往对房屋质量、居住环境、地理区位、物业管理、基础设施等因素有着更高的要求，呼唤着房地产企业经营水平的提升和商业模式的创新。

表2-5　我国不同年龄区间人口占总人口比例变化及总人口增速

指标 年份	0~14岁人口占总人口比例（%）	15~64岁人口占总人口比例（%）	65岁及以上占总人口比例（%）	总人口数量增速（%）
1970	—	—	—	14.41
1975	—	—	—	1.72
1980	—	—	—	1.19
1985	—	—	—	1.43
1990	—	—	—	1.45
1995	—	—	—	1.06
2000	—	—	—	0.76
2002	22.40	70.30	7.30	0.65
2003	22.10	70.40	7.50	0.60
2004	21.50	70.90	7.60	0.59
2005	20.30	72.00	7.70	0.59
2006	19.80	72.30	7.90	0.53
2007	19.40	72.50	8.10	0.52
2008	19.00	72.70	8.30	0.51

续表

指标 年份	0~14岁人口占总人口比例（%）	15~64岁人口占总人口比例（%）	65岁及以上占总人口比例（%）	总人口数量增速（%）
2009	18.50	73.00	8.50	0.49
2010	16.60	74.50	8.90	0.48
2011	16.50	74.40	9.10	0.48
2012	16.50	74.10	9.40	0.50
2013	16.40	73.90	9.70	0.49
2014	16.49	73.41	10.10	0.52

注：1970~2000年部分数据Wind数据库未收录。

资料来源：Wind数据库。

第二节 国有企业投资房地产的规模和结构分析

国有经济是我国经济系统的重要组成部分，发挥国有经济的控制力、影响力和带动力是推动社会主义市场经济体制建设的基础。在房地产行业中，国有企业同样发挥着重要的作用。目前，我国很多大型房地产企业都属于国有企业的范畴，既包括一些大型中央企业，也包括很多地方国有企业。

一、国有房地产企业的规模比重

国内早期的房地产企业形成主要有两种形式，一是由房管所转制而成，二是由机关单位后勤部门改革形成。在我国房地产市场建立之初，几乎全部是国有房地产企业，后来随着市场经济的不断完善，各种经济成分多元化格局的形成，房地产市场的格局也发生了根本性的变化。1998~2003年，随着住房实物分配制度彻底结束，我国房地产行业进入高速发展的空前繁荣期，高额的利润同时带动"三外"（即外行、外地、外资）企业进入房地产，众多业务和房地产业毫不相干的上市公司也加入这股潮流中，有的公司甚至将主要业务方向调整为房地产业（冯建德，2006）。在这一阶段，我国国有房地产企业的比重快速下降，民营企业逐步成为市场的主角。

从企业数量来看，国有房地产企业数量出现了大幅下降。1998年我国房地产开发企业的数量为24378个，其中国有企业数量为7962个，国有企业占比为32.66%。到了2013年，我国房地产开发企业数量增长为91444个，其中国有企业数量为1739个，国有企业占比为1.9%。在这一过程中，房地产开发企业数量增长了2.75倍，而国有房地产企业数量减少了78%。结果就是，国有房地产企业的比重由1/3降为不足2%（见表2-6）。

表2-6 国有房地产开发企业数量及占比

年份	房地产开发企业（个）	国有房地产开发企业（个）	国有企业数量占比（%）
1998	24378	7962	32.66
1999	25762	7375	28.63
2000	27303	6641	24.32
2001	29552	5866	19.85
2002	32618	5015	15.37
2003	37123	4558	12.28
2004	59242	4775	8.06
2005	56290	4145	7.36
2006	58710	3797	6.47
2007	62518	3617	5.79
2008	87562	3941	4.50
2009	80407	3835	4.77
2010	85218	3685	4.32
2011	88419	3427	3.88
2012	89859	3354	3.73
2013	91444	1739	1.90

资料来源：Wind数据库。

第二章 国有企业投资房地产的现状

从从业人数来看，国有房地产开发企业从业人数出现大幅下滑。1998年我国房地产开发企业的平均从业人数为825888人，其中国有房地产开发企业平均从业人数为332834人，国有企业占比为40.30%。到了2012年，我国房地产开发企业从业人数增长为2386772人，其中国有房地产开发企业平均从业人数为123593人，国有企业占比为5.18%。在这一过程中，房地产开发企业的平均从业人数增长了近2倍，而国有房地产企业平均从业人数减少了60%（见表2-7）。

表2-7 国有房地产开发企业平均从业人数及占比

指标 年份	房地产开发企业 平均从业人数（人）	国有房地产开发企业 平均从业人数（人）	国有房地产企业 就业人数占比（%）
1998	825888	332834	40.30
1999	880257	312240	35.47
2000	971942	292252	30.07
2001	1062319	257695	24.26
2002	1134009	208722	18.41
2003	1205355	179614	14.90
2004	1585428	163495	10.31
2005	1516150	140106	9.24
2006	1600930	132259	8.26
2007	1719666	121137	7.04
2008	2100362	127511	6.07
2009	1949295	123866	6.35
2010	2091147	155156	7.42
2011	2256964	135420	6.00
2012	2386772	123593	5.18

资料来源：Wind数据库。

从企业资产总额来看，近年来国有房地产企业资产规模不降反升，说明企业集团化、规模化经营程度提升。由于缺乏更长时间跨度的数据，因此只能以2006～2012年的时间区间的变化进行分析。2006年房地产开发企业资产总额为883979908万元，其中国有房地产开发企业资产总额为76781837万元，国有企业占比为8.69%；到了2012年，房地产开发企业资产总额为3518586517万元，其中国有房地产开发企业资产总额为336408075万元，国有企业占比为9.56%（见表2-8）。在这一过程中，国有企业资产比重并没有出现明显下滑，甚至有所提高。对比国有房地产开发企业数量占比数据可以说明，近年来国有房地产企业规模有提高的趋势。

表2-8 国有房地产开发企业资产总额及占比

指标 年份	房地产开发企业资产总计（万元）	国有房地产开发企业资产总计（万元）	国有房地产企业资产总计占比（％）
2006	883979908	76781837	8.69
2007	—	—	—
2008	1448335466	130980574	9.04
2009	1701842364	158790968	9.33
2010	2244671365	204993711	9.13
2011	2843594435	254915511	8.96
2012	3518586517	336408075	9.56

注：2007年数据Wind数据库未收录。

资料来源：Wind数据库。

从投资完成额来看，近年来国有房地产企业完成投资有所上升，尤其是在2009年和2012年经济面临较大下行压力的特定时期，国有房地产企业投资明显提升。2006年房地产开发企业完成投资194229174万元，其中国有房地产开发企业完成投资10527863万元，国有企业占比为5.42%；到了2012年，房地产开发企业投资增长到718037869万元，其中国有房地产企业投资为44026149万元，国有企业占比为6.13%（见表2-9）。在这一过程中，国有房地产企业完成投资占比出现了小幅上升。如果对比房地产企业资产总额数据可以发现，国有房地产企业完成投资额占比低于国有房地产企业资产总额占比，这从一定程度上说明国有企业更倾向于扩大资产规模，可能具有更高的财务杠杆率。

表2-9 国有房地产开发企业完成投资及占比

年份 指标	房地产开发企业完成投资（万元）	国有房地产开发企业完成投资（万元）	国有房地产企业完成投资占比（%）
2006	194229174	10527863	5.42
2007	—	—	—
2008	312031942	16251176	5.21
2009	362418080	25959571	7.16
2010	482594030	26792778	5.55
2011	617968858	33700770	5.45
2012	718037869	44026149	6.13

注：2007年数据Wind数据库未收录。

资料来源：Wind数据库。

二、国有企业投资房地产的结构分析

国有企业投资房地产的结构主要体现在产品结构和区域结构两个层面。产品结构主要体现了国有房地产企业所处的经营领域和战略方向，而区域结构则体现了国有房地产企业的区域分布和实力对比。

1.产品结构

国有企业投资房地产具有自身独特的历史背景和成长路径，因此在产品结构上也展现出了一些与民营企业不同的特点。现阶段来看，国有房地产企业主要投资方向仍是住宅地产，但却出现了向工业地产和商业地产转移的趋势。

国有房地产企业主要投资方向为住宅产品。2007年，国有房地产企业住宅投资额为9341885万元，占全部企业住宅投资额比重为5.19%，占国有房地产企业所有用途产品（住宅、办公楼、商业营业用房）投资额的比重为90.16%，这意味着国有房地产企业九成以上投资被用于住宅产品。同时，国有房地产企业住宅投资额占全部企业住宅投资额的比重高于国有房地产企业办公楼投资额占全部企业办公楼投资额的比重和国有房地产企业商业营业用房投资额占所有企业商业营业用房投资额的比重，这也说明了国有企业对住宅的投资力度高于其他所有制企业。到了2012年，国有房地产企业住宅产品投资额为31782735万元，占全部企业住宅投资额比重为6.44%，占国有房地产企业所有用途产品（住宅、办公楼、商业营业用房）投资额的比重为85.19%，虽然所占比重略有下降，但仍维持了很高的水平（见表2-10）。国有房地产企业之所以青睐于住宅地产，主要是因为住宅地产有着更高的利润率，且回收周期短、风险较小。再加上国有房地产企业在拿地上有着更便利的条件，比民营企业更容易拿到好的地块。所以，国有房地产企业在投资时，主要选择了住宅作为重点的投资方向。

近年来，国有企业逐步转向办公楼和商业营业用房产品。2007年，国有房地产企业办公楼投资额占全部企业办公楼投资额的比重、国有房地产企业办公楼投资额占国有房地产企业所有用途产品（住宅、办公楼、商业营业用房）投资额的比重分别为3.06%和3.05%，国有房地产企业商业营业用房投资额占所有企业商业营业用房投资额的比重、国有房地产企业商业营业用房投资额占国有房地产企业所有用途产品（住宅、办公楼、商业营业用房）投资额的比重分别为2.53%和6.79%，均处于较低水平。到了2012年，国有房地产企业办公楼投资额占全部企业办公楼投资额的比重、国有房地产企业办公楼投资额占国有房地产企业所有用途产品（住宅、办公楼、商业营业用房）投资额的比重分别上升为5.85%和5.28%，国有房地产企业商业营业用房投资额占所有企业商业营业用房投资额的比重、国有房地产企业商业营业用房投资额占国有房地产企业所有用途产品（住宅、办公楼、商业营业用房）投资额的比重分别上升为3.82%和9.54%，增长十分明显（见表2-10）。这说明了国有房地产企业在投资方向的调整，开始更加注重办公楼和商业营业用房产品。国有企业之所以出现这种调整，主要是近年来住宅地产市场逐步饱和，而工业地产和商业地产则展现出来了更多的机会。工业地产和商业地产所能带来的高盈利水平以及稳定的现金流对很多国有房地产企业具有巨大的吸引力,目前很多国有房地产企业都加大了商业(或公建)用地在储备土地用地性质构成中的比例。

表2-10 国有房地产开发企业不同用途产品投资额及占比

指标 年份	住宅				办公楼				商业营业用房			
	全部 (万元)	国有 (万元)	占比 1(%)	占比 2(%)	全部 (万元)	国有 (万元)	占比 3(%)	占比 4(%)	全部 (万元)	国有 (万元)	占比 5(%)	占比 6(%)
2007	180054184	9341885	5.19	90.16	10350409	316420	3.06	3.05	27856494	703573	3(%)	6.79
2008	224408742	11956157	5.33	88.70	11671709	452578	3.88	3.36	33544785	1070931	3.19	7.94
2009	256136938	16537894	6.46	86.73	13772061	843703	6.13	4.42	41806621	1685564	4.03	8.84
2010	340262276	19390568	5.70	87.23	18073828	882185	4.88	3.97	56484000	1955776	3.46	8.80
2011	443195018	25186649	5.68	87.22	25587934	1438956	5.62	4.98	74240451	2252181	3.03	7.80
2012	493742137	31782735	6.44	85.19	33666129	1968943	5.85	5.28	93120012	3557503	3.82	9.54

注:占比1代表国有房地产企业住宅投资额占全部企业住宅投资额比重;占比2代表国有房地产企业住宅投资额占国有房地产企业所有用途产品(住宅、办公楼、商业营业用房)投资额的比重;占比3代表国有房地产企业办公楼投资额占全部企业办公楼投资额比重;占比4代表国有房地产企业办公楼投资额占国有房地产企业所有用途产品(住宅、办公楼、商业营业用房)投资额的比重;占比5代表国有房地产企业商业营业用房投资额占所有企业商业营业用房投资额比重;占比6代表国有房地产企业商业营业用房投资额占国有房地产企业所有用途产品(住宅、办公楼、商业营业用房)投资额的比重。

资料来源:Wind数据库。

2. 区域结构

国有房地产企业在全国不同地区分布并不均衡,在天津、西藏等地仍占据较高比重,而在宁夏、河北、吉林等地则比重较低。从不同地区国有房地产企业就业人数占所有房地产企业就业人数的比重来看,全国平均水平为5.18%,而天津、陕西和西藏分别为22.94%、17.07%和16.64%,远远高于平均水平;相比之下,宁夏、吉林仅仅分别为0.34%和0.97%,远远低于平均水平(见图2-9)。

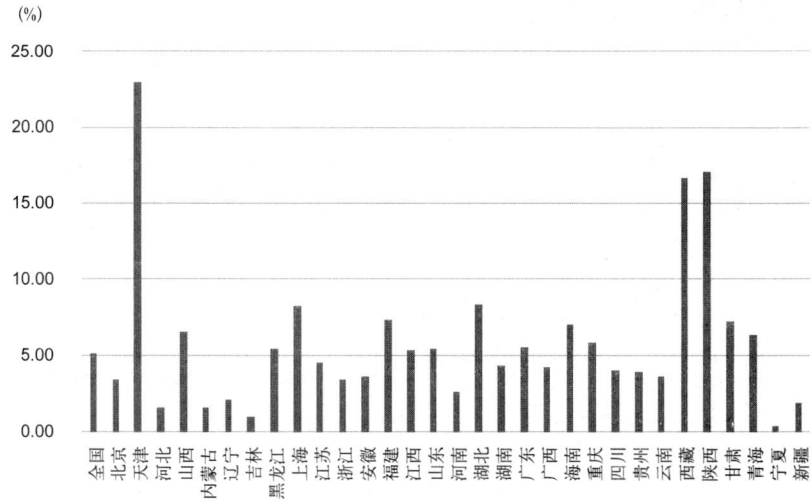

图2-9　不同地区国有房地产企业就业人数占所有房地产企业就业人数的比重

资料来源：中国统计局.中国房地产统计年鉴（2013）[M].北京：中国统计出版社，2013.

从不同地区国有房地产企业开发投资完成额占所有房地产企业开发投资总额的比重来看，全国平均水平为6.13%，而天津、西藏、甘肃分别为21.59%、14.87%和11.53%，远远高于全国平均水平；相比之下，吉林、河北、宁夏分别为0.84%、1.13%和1.41%，远远低于全国平均水平（见图2-10）。

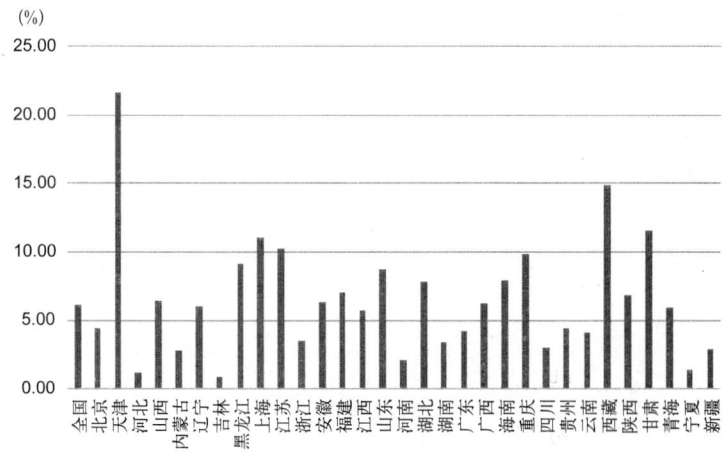

图2-10　不同地区国有房地产企业开发投资完成额占所有房地产企业开发投资总额的比重

资料来源：中国统计局.中国房地产统计年鉴（2013）[M].北京：中国统计出版社，2013.

三、中央企业投资房地产

中央企业是国有企业的核心部分,是增强国有经济活力、控制力和影响力的关键力量。截至2015年9月底,中央企业数量已由国资委成立之初的196家减少到目前的110家。2003年底185家中央企业的资产总额仅为8.3万亿元左右,而到了2010年底,122家中央企业资产总额达到24.3万亿元,企业规模和资产集中度大大提高,超过80%的资产集中在石油石化、电力、国防和通信等关系国家安全和国民经济命脉的关键领域和行业。房地产行业属于竞争型行业,也谈不上关系国家安全和国民经济命脉,但却与老百姓的生活息息相关,受到了全社会的广泛关注。在房地产行业中,同样存在一定数量的中央企业。这些中央企业在房地产行业中占据重要地位,对整个房地产行业的发展起到举足轻重的作用。具体来看,中央企业投资房地产主要存在三种不同情形。

(1)以房地产为主业的中央企业。2010年国资委发布"退房令",规定16家中央企业可以将房地产业作为自身的主营业务(见表2-11)。这16家房地产中央企业的形成大多有着特殊的历史背景,并曾经为中国房地产行业的发展做出了重要贡献。改革开放初期,原国家建委根据中央经济体制改革的精神着手开展房屋综合开发试点,并在1980年的《全国城市规划工作会议纪要》中提出"实行综合开发和征收城镇土地使用费的政策",明确了"对新建小城市、卫星城,现有的城市新建区、段和旧城成片改造区,都应考虑组织开发公司,实行综合开发"。在这种背景下,全国很多城市纷纷组建住宅公司,这些由城市房管部门组建的住宅建设公司,"已成为加快住宅建设的一支力量,发挥了积极的作用"(张清勇,2008)。后来,这些住宅公司进一步转变为房地产综合开发公司。今天很多以房地产为主业的中央企业就是在当时的历史背景下组建并发展壮大起来的。例如,1981年1月16日,经国务院批准,原国家建工总局和中国人民建设银行总行联合组建了中国房屋建设开发

国有企业投资房地产问题研究

公司（后于1988年1月更名为中国房地产开发总公司），主要任务是"用经济办法经营房地产，在我国推行城市房屋综合开发和商品化经营试点"。当然也有少数以房地产业务为主营业务的房地产企业是由于过去的主营业务盈利水平下降，所以逐步转到房地产领域，后来发展壮大成为自身的主营业务。例如，中国中化集团公司的前身是中国进出口公司，是在1950年为统一全国国有贸易，完成国家进出口计划，领导国内市场，调节全国和地方的物资供求，促进国家生产事业的迅速恢复与发展，中央人民政府政务院决定在中央人民政府贸易部领导下，设立全国范围的对外贸易专业总公司。后来在1961年更名为中国化工进出口公司，1965年更名为中国化工进出口总公司，2003年进一步更名为今天的中国中化集团公司。中国进出口公司设立之初，其主营业务是进出口贸易，但随着中国对外贸易管理体制的改革，过去的主营业务已经无法支持公司的持续发展。因此，中国中化集团公司逐步将主营业务转向了能源、农业、化工、地产、金融五大领域，也成了以房地产为主营业务的16家中央企业之一。

表2-11 16家以房地产为主业的中央企业

境内企业	境外企业
中国建筑工程总公司	港中旅集团有限公司
中国房地产开发集团公司	招商局集团有限公司
中国保利集团公司	华润集团有限公司
华侨城集团公司	南光集团有限公司
中国铁路工程总公司	
中国铁道建筑总公司	
中国中化集团公司	
中粮集团有限公司	
中国冶金科工集团有限公司	
中国五矿集团公司	
中国水利水电建设集团公司	
中国葛洲坝集团公司	

资料来源：根据相关资料整理。

（2）不以房地产为主业，但仍以盈利为主要目的从事房地产业务的中央企业。这部分中央企业房地产业务规模相对较小，往往是下属的一些子公司在从事房地产业务。根据国资委的公告文件，在实施"退房令"以前，除16家以房地产为主业的中央企业外，还有78家不以房地产为主业的中央企业开展了房地产业务。这部分企业开展房地产业务的原因比较复杂，既有一部分是在1998年以后中国房地产行业进入"超级繁荣"阶段，为获取更多利润而转向房地产投资；也有一部分是在国有经济战略性重组中，因为并购了一些房地产企业成为自身的子公司，从而开始进入房地产行业的。2010年国资委发布"退房令"以后，很多不以房地产为主营业务的中央企业开始逐步退出房地产企业，但仍有大量企业仍在从事房地产业务，主要是因为房地产行业仍存在较大的利润空间，企业不愿放弃这部分利润，同时也因为一些特殊原因影响了企业退出的步伐。第一，土地问题。很多中央企业拥有一些闲置自有土地，这些自有土地有一部分原来就在市中心，大部分在城郊，随着我国城市化的迅猛发展，许多自有土地由城郊土地变成了城市土地，土地大幅升值，商业开发价值也大幅提升，由于政府收回给企业的补偿金过低，所以企业大多不愿意，都希望能够开发升值。第二，在建项目的退出问题。一个房地产项目的平均周期是3~5年，如果还有二期、三期，那么周期将更长。第三，退出方式选择问题。中央企业退出房地产业务的方式主要有三种：一是可以进行公司经营范围变更，主要适用于那些已无在手项目，未来主要对现有资产进行管理和运营工作的公司。二是开发项目结束后自然清算并关闭。三是进行股权转让。进行股权转让也有两种方式：一种是通过资产评估后挂牌转让，另一种是通过划拨方式转给其他房地产主业的中央企业。由于很多中央企业存在一些历史性的包袱问题，因此在资产划拨和转让上面临更多的困难。考虑到中央企业存在的一些特殊性问题，2011年国资委对"退房令"进行了补充，规定鲁能集团、中航工业、神华集团、中煤集团和新兴集团将获准保留地产业务，允许涉足地产的中央企业扩大至21家（见表2–12），条件是这些企业不能动用主营业务的大额资金从事房地产开发。

表2–12 获准可以保留房地产业务的中央企业

企业名称	
	鲁能集团
	中航工业
	神华集团
	中煤集团
	新兴集团

资料来源：根据相关资料整理。

（3）不以房地产为主业，也不以盈利为主要目的，但仍从事小规模房地产开发的中央企业。这部分中央企业中房地产业务之所以存在，主要是为了解决员工的宿舍和住房问题。当时国家开展"三线建设"，将大量的中央企业搬迁到了深山或者十分偏远的地区。还有一些采矿、能源类的中央企业往往需要到人烟罕至的矿区设立企业。这些地区远离市中心，除了企业员工以外，周围的人口也很少。这种情况下，专业房地产开发企业往往不愿意到这些地区来进行房地产开发活动。为了改善员工的居住条件，稳定员工队伍，吸引更多的人才来到偏远区域工作，这些中央企业开始成立房地产开发公司，自己从事房地产开发业务，开发出来的产品主要用于企业内部，但也有部分销售到企业外部。目前，随着中国城镇化水平的提高，此类情况已经越来越少，但仍然存在。

总体来看，中央企业中有大量企业从事房地产业务，但大部分企业的房地产业务规模较小，少数大企业占据了绝大部分的市场份额。据国资委公开数据，从销售面积和销售收入上看，16家以房地产为主业的中央企业，能够占到所有中央企业房地产规模的85%左右；21家允许经营房地产业务的中央企业，能够占到所有中央企业房地产规模的95%左右。同时，中央企业投资房地产规模占整个房地产市场的规

第二章 国有企业投资房地产的现状

模较小。从销售面积来看，16家以房地产为主业的中央企业占整个房地产市场规模的3%左右；从销售额来看，16家以房地产为主业的中央企业占整个房地产市场规模的5%左右；从开发投资额来看，16家以房地产为主业的中央企业占整个房地产市场规模的6%左右；从新开工面积来看，16家以房地产为主业的中央企业占整个房地产市场规模的3%左右；从利润额来看，16家以房地产为主业的中央企业占整个房地产市场规模的10%左右（见表2-13）。

表2-13　16家以房地产为主业的中央企业的主要指标及占整个房地产行业的比重

指标\年份	销售面积		销售额		开发投资额		新开工面积		利润总额	
	实际值（万平方米）	占比（%）	实际值（万元）	占比（%）	实际值（万元）	占比（%）	实际值（万平方米）	占比（%）	实际值（万元）	占比（%）
2008	1008.9	1.53	7592207.2	3.03	12500725.1	4.01	2370.3	2.31	2094687.3	6.10
2009	3275.9	3.46	16423430.1	3.70	17860049.2	4.93	2859.9	2.46	3382222.6	7.15
2010	3467.5	3.31	20281618.6	3.85	35725821.1	7.40	6115.2	3.74	4419887	7.23
2011	3019.8	2.76	26380671.5	4.50	38414036.9	6.22	7136.9	3.73	6341928.6	10.94
2012	3823.4	3.44	33975419.7	5.27	39552108.7	5.51	6700.3	3.78	7551001.6	12.58
2013	4604.2	3.53	43636313.8	5.36	48918662.5	5.69	6507.3	3.23	8128689.9	—

资料来源：根据相关资料整理。

中央房地产企业占整个房地产市场的规模并不大，但就个体来看，却是具有很强竞争力的大型企业集团。中国指数研究院评选的"2015中国房地产百强企业综合实力TOP10"中，有两个属于中央企业：一个是保利房地产（集团）股份有限公司；另一个是中国海外发展有限公司（中国建筑工程总公司控股子公司）(见表2-14）。

表2-14　2015中国房地产百强企业综合实力TOP10

排名	公司名称
1	万科企业股份有限公司
2	保利房地产（集团）股份有限公司
3	绿地控股集团有限公司
4	中国海外发展有限公司
5	恒大地产集团有限公司
6	碧桂园控股有限公司

续表

排名	公司名称
7	绿城房地产集团有限公司
8	世茂房地产控股有限公司
9	龙湖地产有限公司
10	北京首都开发控股（集团）有限公司

资料来源：中国指数研究院.2015中国房地产百强企业研究报告[R].2015年.

四、国有企业改革对国有企业投资房地产的影响

从20世纪90年代开始，虽然国有房地产企业数量占整体房地产企业数量的比重逐步降低，但仍有大量的国有企业从其他行业转到了房地产行业，或者是过去不从事房地产业务，后来开始从事房地产业务。这一情况的形成与我国国有企业改革的一些特定措施密切相关。

（1）国有企业"退二进三"。20世纪90年代，为加快经济结构调整，国家鼓励一些产品没有市场，或者濒于破产的中小型国有企业从第二产业中退出来，转向从事第三产业。很多国有企业从城市的繁华地段退出来，进入城市的边缘进行发展，通过土地置换可以获得重新发展的资金。对于从第二产业退出的国有企业来讲，进入何种第三产业及如何进入，成为摆在面前的重大抉择。很多国有企业在看到房地产行业发展存在的巨大空间之后，纷纷选择进入房地产行业，而这些企业也成为了国有房地产企业的重要来源。

（2）国有企业"三年脱困"。国企解困是20世纪90年代国企改革的主题，1997年中共十五大明确提出力争用三年左右的时间，通过改革、改组、改造和加强管理，使大多数国有大中型亏损企业摆脱困境。为了实现国有企业的"三年脱困"，国家采取了下岗分流、债转股、淘汰落后产能、关闭"五小企业"①等手段，起到了积极的作用。但从企业自身来讲，为实现利润水平的提升，开始转向一些盈利能力

---

① "五小企业"是指小化工、小造纸、小炼油、小焦化、小煤窑企业。

更强、发展空间更大的行业。1998年实施了住房分配制度改革以后的房地产行业十分符合这一要求，不仅在利润水平上高于其他行业，而且有着巨大的发展空间。很多国有企业纷纷进入房地产行业，甚至直接将自身的主营方向转为房地产行业，这是很多中央企业和地方国有企业涉足房地产行业的重要原因。

（3）国有企业"兼并重组"。1995年9月中共十四届五中全会明确指出："要着眼于搞好整个国有经济，通过存量资产的流动和重组，对国有企业实施战略性改组。这种改组要以市场和产业政策为导向，搞好大的，放活小的，把优化国有资产分布结构、企业结构同优化投资结构有机结合起来，择优扶强、优胜劣汰。"自此以后，兼并重组成了国有企业做大做强的基本手段。在国有企业兼并重组中，国家往往是将一些规模小的国有企业并入规模大的国有企业之中，从而打造巨型企业集团。在这些被并购的中、小国有企业中，有一部分是房地产企业。结果是，一些中央企业和大型地方国有企业过去没有房地产业务，但被并入了房地产业务。在房地产行业快速发展的时期，这些被并入的房地产业务迅速发展壮大，也造成了越来越多的国有企业将更多的资源投入到了房地产行业。

第三节　国有房地产企业参与保障性安居工程

保障房是保障性住房的简称。这里的"保障"是指国家对靠自身支付能力不能解决居住困难的群体进行救助，这里既包含低收入居住困难群体由于其没有支付能力，只能靠政府提供廉租房来解决最基本的居住问题，也包含中低收入居住困难群体在政府政策调控或补贴下，通过购买或租赁来解决最基本的住房问题（张泓铭、沈正超，2012）。保障房建设是政府调控房地产市场、保障低收入人群利益的重要举措。根据《"十二五"规划》，"十二五"期间国家将建立基本住房保障制度，维护公民居住权利，逐步满足城乡居民基本住房需求，实现住有所居。其中，在住房保障方面，规划明确提出了廉租房、公租房等保障房的建设目标：到2012年末，要基本解决1540万户低收入住房困难家庭的住房问题；到2015年，人均住房建筑面积要达到13平方米左右，套型建筑面积50平方米以内，而公租房亦要求增加不低于1000万套，且单套建筑面积以40平方米左右的小户型为主。

一、保障性安居工程的进展

保障房建设已经成为国家考核各级地方政府的重要指标。尤其是2009年以来，各级政府纷纷加快了保障房建设。从建设计划来看，2010～2015年，保障性安居工程建设计划每年都在500万套以上，2011年甚至达到了1000万套。从实际执行情况来看，2010～2015年，每年的保障性安居工程实际执行套数均超过了保障性安居工程建设计划套数，2010年和2011年保障性安居工程实际执行套数的增速甚至达到了77.18%和76.78%，反映了各地对保障性安居工程的高度重视（见表2-15）。

表2-15　我国保障性安居工程的建设计划和实际执行情况

年份	保障性安居工程建设计划		保障性安居工程实际执行	
	数量（万套）	增速（%）	数量（万套）	增速（%）
2009	387	—	333	—
2010	580	49.87	590	77.18
2011	1000	72.41	1043	76.78
2012	700	−30.00	—	—
2013	630	−10.00	666	—
2014	700	11.11	740	11.11
2015	740	5.71	—	—

注：部分数据Wind数据库未收录。

资料来源：Wind数据库。

第二章　国有企业投资房地产的现状

每年国家会拿出大量的财政资金用于住房保障。2009年，中央公共财政住房保障支出预算为978.88亿元，中央公共财政住房保障支出为978.90亿元，到了2014年，中央公共财政住房保障支出预算已经提高到2528.69亿元，中央公共财政住房保障支出提高到2529.78，五年的时间均上涨了约1.5倍；2009年，全国公共财政住房保障支出预算为669.38亿元，全国公共财政住房保障支出为1803.40亿元，到了2013年，全国公共财政住房保障支出预算已经提高到4683.89亿元，四年的时间里上涨了6倍，全国公共财政住房保障支出提高到4480.55亿元，四年的时间均上涨了1.5倍（见表2-16）。全国公共财政住房保障支出预算的增速快于中央公共财政住房保障支出预算的增速，这说明地方财政在保障房建设上负担了更多的增量支出，而这也对地方财政造成了比较大的资金压力。

表2-16　我国公共财政住房保障预算与支出

指标 年份	中央公共财政住房保障支出预算（亿元）	中央公共财政住房保障支出（亿元）	全国公共财政住房保障支出预算（亿元）	全国公共财政住房保障支出（亿元）
2009	978.88	978.90	669.38	1803.40
2010	992.58	1125.73	1890.58	2376.88
2011	1292.66	1799.35	2583.63	3820.69
2012	2117.55	2601.57	4398.40	4479.62
2013	2229.91	2320.94	4683.89	4480.55
2014	2528.69	2529.78	—	—
2015	2713.61	—	—	—

注：部分数据Wind数据库未收录。
资料来源：Wind数据库。

二、国有房地产企业在保障性安居工程中发挥的作用

我国保障性安居工程项目建设主要采用了三种模式（朱小丰，2012）。一是政府直接建设模式，主要是政府无偿提供土地，将土地

和资本金注入平台公司，平台公司以政府信用或者抵押担保的方式从商业银行、保险和社保基金等金融机构获得资金，然后进行保障房的建设、运营、管理。这种模式的优势在于简单便捷，能够更好地反映国家意志，保障项目的顺利完成，但缺点在于会给政府，尤其是地方政府造成巨大的财政压力。二是企业代建模式，主要是由政府作为项目产权主体负担项目建设费用，以公开招标的形式，委托房地产开发企业进行保障性安居工程建设。建设完成以后，政府按照标准进行验收，并支付代建费用。这种模式的优点在于政府不需直接进入市场，而是采取招标的形式委托企业完成，从而避免了对市场秩序的破坏，提高了效率。三是保障房配建模式，主要是地方政府在出售国有土地使用权时制定一个附加规则，就是新增商品房项目必须要以配建一定数量的保障房为前置条件。也就是说，开发商必须承诺建立一定比例的保障性住房，才被允许获取国有土地使用权。如果确实不适宜建设保障性住房的项目，也应当由开发商负担一笔费用，作为异地建设保障性住房的成本。这种模式的优点在于不需要直接从财政支出保障房建设费用，因此能够减低地方政府财政压力，而且不同社会阶层混合居住，有利于社会健康发展，但缺点在于这些地块价格可能会因为保障房建设而大大降低，最终会影响到政府的卖地收入。这三种模式在我国不同地区的保障房建设中同时存在，但第三种模式开始受到越来越多的青睐。

　　从这三种模式来看，无论哪种模式，国有房地产企业均能够起到重要作用。在政府直接建设模式当中，作为地方政府平台公司的国有房地产企业是保障房项目建设的核心参与主体，因此发挥着不可替代的作用；在企业代建模式和保障房配建模式当中，虽然国有房地产企业与民营房地产企业是在同一平台上进行竞标参与，但在国家的号召下，国有房地产企业，尤其是房地产中央企业也往往表现出更强的积极性。为了号召更多的中央企业通过多种方式积极参与到国家保障房的开发建设中，国资委于2011年5月3日出台并下发了《关于积极参与保障房开发建

第二章　国有企业投资房地产的现状

设有关事项的通知》，通知中明确要求中央各级企业要深刻领会和认识参与开发建设保障房的深远影响与政治意义，各中央企业在抓好进度的同时切实保障工程质量，充分发挥中央企业的示范带头作用和中流砥柱作用。据统计，以房地产为主营业务的16家中央企业2011年保障性住房开发投资总额为201.78亿元，同比增长74%，开发及承建保障性住房面积为4112万平方米；2012年保障性住房投资总额为219亿元，新开工面积为275万平方米，全年承建合同面积为3377万平方米，累计施工面积为3142万平方米，累计竣工面积为413万平方米；2013年保障性住房投资总额为221亿元，竣工面积（含投资和承建）为1464万平方米，新开工面积（含投资和承建）为1503万平方米。

在这16家以房地产为主营业务的中央企业中，保障房建设成绩最为突出的当属中国冶金科工集团有限公司。中国冶金科工集团公司不仅成立房地产公司开发保障性住房，而且以施工承包模式承建纯施工性质的保障房业务。2013年和2014年中国冶金科工集团公司保障性住房开发业务销售面积分别为105万平方米和99万平方米，其中2013年保障性住房销售面积占全部房地产开发业务销售面积的76.6%。这意味着中国冶金科工集团开发的绝大部分项目均为保障性住房项目。2012年和2013年中国冶金科工集团公司承建保障性住房的当年竣工面积分别为105.6万平方米和214.3万平方米，规模超过了保障性住房开发业务（见表2-17）。据粗略估计，中国冶金科工集团保障性住房建设面积大概占到16家以房地产为主营业务的中央企业总量的50%，占到全国保障性住房建设面积总量的3%。

表2-17　中国冶金科工集团有限公司保障性住房业务情况

年份 \ 指标	保障性住房开发业务				
	当年投资总额（万元）	当年新开工面积（万平方米）	当年竣工面积（万平方米）	当年销售面积（万平方米）	当年销售收入（万元）
2013	529745	98	197	105	931239
2014	502386	96	108	99	1208508

续表

年份	指标	保障性住房承建业务		
		当年施工面积（万平方米）	当年新开工面积（万平方米）	当年竣工面积（万平方米）
2013		682.2	218.4	105.6
2014		950.6	266.6	214.3

年份	指标	全部房地产开发业务				
		当年销售收入（万元）	当年销售面积（万平方米）	当年住宅销售面积（万平方米）	当年投资总额（万元）	当年新开工面积（万平方米）
2012		2526524	109	98	2970000	325
2013		2669527	137	119	2647445	289

注：保障性住房开发业务是指成立房地产公司进行操作的保障性住房项目；保障性住房承建业务是指以施工承包模式承建的纯施工性质的保障房业务，不包括成立房地产公司操作的项目。

资料来源：企业内部数据。

第三章　国有企业投资房地产对企业绩效的影响

国有企业投资房地产能够影响企业股权结构，从而对企业绩效产生重要影响。本章将从企业层面研究国有企业投资房地产对企业绩效造成的影响。第一节重点从理论角度分析股权结构影响房地产企业经营绩效的作用机制；第二节采用沪、深两市的上市公司数据，采用面板数据模型对股权结构影响房地产企业经营绩效进行实证分析；第三节结合第一节和第二节的结论，对股权结构影响房地产企业经营绩效进行综合分析。

第一节　股权结构对房地产企业经营绩效影响的作用机制

股权结构与公司绩效之间的关系一直是学术界关注的焦点问题。由于在研究对象、数据来源、研究方法上的不同，产生了不同的研究结论。一些学者（McConnen、Servae，1990；Pedersen、Thomsen，1999；孙菊生、李小俊，2006；张芹，2008；向荣富，2013）的研究结论认为，股权结构与公司绩效之间存在显著的相关性，但也有很多学者（Holderness、Sheehan，1988；Charreaux，1997；Demsetz、Villalonga，2001；肖作平，2003；张丽杰，2006）的研究结论认为，公司股权结构与经营业绩之间的关系不显著。事实上，股权结构对企业绩效是否存在影响，不仅与公司内部的治理结构有关，与所处的行业特点以及市场经济体制完善程度、政府行为等因素有关。

股权结构主要是指企业的股权构成情况。具体来看，可从两个层面衡量房地产企业的股权结构。一是股权性质，主要是指股权结构中国有股份、法人股份等的比重。国有股份和法人股份的比重高低也会对公司经营绩效产生影响。二是股权集中度，主要是指企业股权分散程度。如果股权主要集中于少数大股东手中，则说明股权集中度较高；相反，如果股权分散到大量的中小股东手中，则说明股权集中度较低。大量的研究表明，股权集中度能够对企业经营绩效产生十分显著的影响。系统来看，房地产企业股权结构对企业经营绩效产生影响可以通过公司治理机制发挥作用，主要包括内部治理机制和外部治理机制两个层面。Jensen（1993）将公司治理机制分为四种控制力量，分别是资本市场和控制权市场，法律、政治和管制制度，产品和投入要素市场，以董事会为首的内部控制制度。前三种控制力量构成了公司外部治理机制。对企业而言，这些控制力量通过作用于公司外部环境来制约掌握公司控制权的内部人，它是一种外部力量。以董事会为首的内部控制力量则构成了公司内部治理机制，它直接作用于公司内部控制体系。公司治理体系是内部治理和外部治理的统合，内部治理和外部治理是相辅相成的。以董事会为核心的内部治理是公司治理的主要体现，但外部各种市场机制同样会对内部治理作用的发挥产生重要影响。

一、内部治理机制

内部治理机制是指公司内部按照产权结构，设置相互支撑、相互制约的委托—代理关系。产权结构是公司治理的根本出发点。在确立合理产权结构的前提下，建立起与现代公司治理相适应的股东会、董事会、监事会以及经理层是保障企业健康发展的基础。

第三章　国有企业投资房地产对企业绩效的影响

1.股权性质对内部治理机制的影响

股权属性按照持股股东类型分为三类：国有股份、法人股份和流通股份。国有股份由国家股份和国家法人股份组成。国家股份是指有权代表国家投资的部门或机构以国有资产向公司投资形成的股份；法人股份是指国有企业、事业单位以及其他单位或者企业法人以其法人资产向独立于自己的股份公司出资形成的股份。国有股份和法人股份统称为非流通股份，与此相对的是流通股份，流通股份是指我国境内个人和机构向公司可上市流通股权部分投资所形成的股份，这些股份能够直接在证券市场进行交易。房地产企业的股权性质，尤其是国有股份的比重将直接影响公司的内部治理机制效率，从而影响公司经营绩效。通常认为，国有股份的大量存在会造成内部治理机制的无效率。很多学者认为，国有企业在治理上的根本症结在于产权结构不合理，国有股份"一股独大"，削弱了其他股东在公司治理结构安排中的权利，同时作为代表国有股份的产权主体的代理人不具有对剩余索取权的控制，不可能真正承担出资人的角色。结果是，国有股东对公司的控制往往是政治上的"超强控制"和经济上的"超弱控制"。这就造成了治理机制的无效率，带来了一系列的经营管理问题。

对于房地产企业来讲，除了国有股份对一般企业的影响以外，还存在一些特殊机制影响企业经营绩效。这些特殊机制一方面可能会对国有企业绩效产生正面影响，但同时也可能会造成一些负面影响。一是过度投资。很多情况下，国有房地产企业在拿地、上项目时，往往除了考虑经济利益外，还承担了很多政府职能。很多地方政府利用手中掌握的控制权，能够将其自身应承担的政治目标和经济目标转嫁到国有房地产企业身上。为了促进某一个区域发展时，往往鼓励大量的国有企业进行房地产项目的投资，而对于国有房地产企业来讲，为了迎合政府的需求，也只能大量投资一些经济效益差的项目，从而不利于公司经营绩效的提升。同时，当经济不景气或处于下行区间时，政府往往将加大房地产投资作为拉动经济回升的重要工具。国家可能会通过增加土地供给、提高货币供给、鼓励房地产中央企业拿地等手段促进房地产行业投资的增长。由于政府的干预，国有房地产企业存在着严重的过度投资行为，从而影响了企业的经营绩效，不利于股东价值的提升。二是"信号效应"。国有经济投资房地产企业能够形成一种"信号效应"，这种效应反映了企业与政府的关系亲近程度，从而影响企业在拿地、融资等方面的能力。通常来讲，国有房地产企业往往比其他类型企业有着更强的拿地能力，很多银行也更愿意将资金贷给国有房地产企业。土地和资金是房地产企业生存发展的根本，因此国有房地产企业往往能够受到投资者更多的青睐，从而有利于企业经营绩效的提升。总体来看，国有股份对于房地产企业来讲，既能够产生正面影响，也存在一些负面影响。对企业经营绩效的影响结果，取决于不同力量对比和相互作用结果。

2. 股权集中度对内部治理机制的影响

股权集中度是衡量一个公司股权分布情况的重要指标，是说明股东之间在持股比例上的不同而导致的股权集中或分散的状态。股权集中度主要包括两个方面的含义。一是企业中大股东所持有的股份占总股本的比重，直接说明了公司股权的分散情况，通常可以大股东持股比例来衡量，大股东占股本比重越高，说明股权越集中，大股东对公司的控制能力越高，相反，大股东占股本比例越低，说明股权越分散，大股东对公司的控制能力越低。二是其他股东对大股东的制约情况，往往体现为其他股东所拥有的股份与第一大股东之间的比重，如果第一大股东对公司的持股达到了绝对控股和相对控股，那么其他股东对大股东的制约力就比较低，如果第一大股东占公司股权比例较低，那么其他股东对大股东就能够形成有效制约。很多学者研究证明，公司其他大股东对第一大股东的制衡是保护外部投资者利益的重要机制，多个大股东的存在可以起到互相监督、制衡从而保护外部投资者利益的作用。

按照第一大股东持股比例的大小，股权集中度可以分为绝对控股、相对控股、股权分散三种情况。绝对控股指的是第一大股东股权比例达到了50%以上，其他股东无法对第一大股东形成有效制衡。由于第一大股东对公司享有绝对的控制权和较高的剩余索取权，所以比中小股东更有动力和能力去监督管理层、关注公司的经营发展。第一大股东往往有能力决定公司经营管理层，往往直接派出人员对公司进行管理，当公司经营不善时，大股东也往往能够及时做出反应，对公司管理层进行更换，改变公司经营战略。然而，在缺乏有效外部监督时，可能会出现大股东损害中小股东利益的情况。相对控股指的是在企业的全部实收资本中，某经济成分的出资人拥有的股权比例虽未达到50%，但往往超过20%，且根据协议规定拥有企业的实际控制权，或者相对大于其他任何一种经济成分的出资人所占比例。在这种情况下，相对控股大股东对公司有着较强的监督动力和控制能力，能够根据公司经营情况对公司经营管理者进行调整。由于其他股东总体股份超过第一大股东，因此能够对第一大股东行为形成一定的监督。若公司出现经营绩效持续下滑迹象，大股东可能在内部压力的情形下选择退出，其他大股东都有能力推选自己的代理人当选公司的管理人员，将竞争机制引入管理层，促进管理人员约束行为，提高公司治理的效率，实现股东财富最大化（张诚，2014）。股权分散指的是股权分散在大量中小股东手中，没有一个股东持股比例能够超过20%。这种情况下，没有哪个股东能够对公司经营管理者形成直接制约，当公司业绩出现下滑时往往采取"用脚投票"的方式进行监督，对经营管理者的控制能力有限。公司往往由经营管理层控制，也通常不会出现大股东侵占中小股东利益的情况。

对于房地产企业来讲，股权集中度激励和约束机制对企业经营绩效产生影响。现代企业制度的一个核心特征就是所有权和经营权分离，企业所有者并不直接从事企业的经营管理活动，而是委托其他人员从事企业的日常管理活动。在这种情况下，公司治理的重要目标就是对企业经营管理者进行激励，使其更好地为公司服务，实现股东价值的最大化。股权集中度的不同意味着企业所有者对经营管理者激励能力的不同。如果股权集中度较高，那么股东通常会具有较强的动机和能力去制定有效的激励和约束机制，克服了"搭便车"的问题。少数大股东能够通过获得董事会席位直接入主公司决策层，也可以通过股东大会发起代理人战争以获得管理权，甚至通过控制权市场更换不合意的管理团队。企业经营管理者为了维护自身在职业经理人市场的"声誉"，只能是认真工作，提高公司业绩。相反，如果股权集中度较低，那么股东将更为分散，股东对经营管理者的激励和约束能力将大大降低。由于信息不对称等因素的存在，经营管理者可能出现"道德风险"和"逆向选择"等问题，从而不利于企业经营绩效的提高。

二、外部治理机制

外部治理机制通过来自企业外部主体（政府、中介、各种市场等）的约束监督机制而作用于公司治理。一个比较完整的外部治理体系包括完善的市场体系、优胜劣汰的竞争机制和健全的法律法规体系。相应的外部治理涉及的范围有控制权市场、高层管理人才市场、产品市场、法律法规市场、其他社会监督和利益相关者制衡等方面（夏洪胜、张世贤，2014）。外部治理机制和内部治理机制共同构成完整的公司治理机制，二者对于公司来讲都是不可或缺的，各自发挥各自的作用，甚至在很多情况下，外部治理机制的完善是内部治理机制能够发挥作用的基础。

1. 股权性质对外部治理机制的影响

对房地产企业来讲，股权性质对外部治理机制的影响可以通过控制权市场、高层管理人才市场以及政府监管和规制机制三种机制发挥作用。从控制权市场来看，股权性质会影响公司控制权改变的难度。在很多国有企业中，往往是国有股份"一股独大"，而中小股东所占的比重太小，即使将市场上股票全部买入或者卖出，也无法改变公司的控制权,从而导致公司控制权市场无法有效地发挥作用。从高层管理人才市场来看,不同类型的股权性质意味着不同的经营管理人才选拔机制。目前,中国虽然有很多企业领导人和管理者,但真正可以称得上是职业经理人的并不多。职业经理人必须具有创新精神,必须敢于承担风险,必须不怕遭受挫折和失败,必须具备顽强的意志和坚强的性格,必须具备战略家的眼光、犀利的洞察力和卓越的领导统率力,只有这样的"职业经理"才能真正经营现代的公司制企业,才是经济时代的"主宰"(刘少雄,2008)。在国有企业中,大部分企业领导人并不是在职业经理人市场上利用优胜劣汰的市场机制经过筛选获得,而是通过行政命令直接产生。对于这些企业领导者来讲,在很多情况下,经营业绩的好坏并不会直接影响职业发展前景,导致高层管理人才市场难以对其形成有效约束。从政府监管和规制机制来看,政府对不同股权类型企业的监管力度和监管方式不同,从而造成企业不同的信息披露程度。按照证券市场监督的有关规定,上市公司有对自身经营信息进行披露的义务。同时,按照国际惯例,国有企业也应当有信息披露义务。例如,瑞典政府在《国有企业财务报告指南》中明确规定,国企必须按照斯德哥尔摩证券交易所推荐条例,提交年度报告、季度报告和经营报告,包含完整环境分析、财务目标、社会责任目标、董事会及高管薪金等内容,并在网上公布。瑞典工业部还规定国企即使没有上市,但其信息公开的程度不得低于上市公司。因此,相比于其他类型企业,国有股权比重高的企业往往承担更多的信息披露责任,从而影响企业的经营绩效。

2.股权集中度对外部治理机制的影响

对房地产企业来讲,股权集中度对外部治理机制的影响主要通过控制权市场和高层管理人才市场两种机制发挥作用。从公司控制权市场来看,有效的公司控制权市场是指当管理层未能很好地经营管理企业、公司内部控制机制失灵时,外部竞争者可以通过获取公司控制权更换现有管理层。如果公司控制权市场是有效的,那么股价会对有关公司的信息做出反应，管理层的不良行为就会导致股价下滑，证券市场就给股东们提供了公司经营业绩不佳的信号，从而招致股东采取进一步的行动。例如，小股东"用脚投票"，卖掉公司股票；大股东在股东大会中做出反应，改组公司管理层；甚至公司可能被收购，管理层将面临被收购的危险（刘少雄，2008）。然而，股权集中度将会大大影响公司被收购的可能性。如果股权集中度很高，公司大量股份集中于少数大股东手中，那么竞争对手恶意收购的难度将大大提高；相比之下，如果股权集中度很低，公司股权十分分散，那么竞争对手的恶意收购将变得容易。从高层管理人才市场来看，经理人市场是指按照市场规律进行职业经理人这种特殊的人力资源使用权的交易关系总和。在西方成熟的市场经济体制下，经理人市场是公司获得高级管理人才的根本途径，也是职业经理人实现自身价值的基础平台。一般来讲，股权集中度较高的企业股东往往有着更大的动力参与企业经营管理活动，因此也更倾向于在经理人市场寻找经理人，从而促进企业经营绩效的提升；相反，股权集中度较低的企业股东更倾向于采用"用脚投票"，而不是直接介入企业经营管理活动，因此减少了对职业经理人的使用，不利于企业经营绩效的提升。

第二节　股权结构对房地产企业经营绩效影响的实证分析

为了分析房地产企业的经营情况，通过对沪、深两市的房地产企业①的经营绩效进行分析，并研究股权结构的不同将会对房地产企业

---

① 行业分类采用Wind数据库的行业分类标准。采用这一分类标准，是考虑与国际分类标准接轨。Wind行业分类标准最大的特色就是全面借鉴了权威的国际标准GICS（Global Industries Classification Standard）行业分类标准。GICS是MSCI和S&P共同推出的行业分类体系，在全球拥有最广泛的证券市场使用用户。Wind行业分类标准参照GICS四级行业体系，并根据中国实际情况进行了微调。Wind数据库将行业分为10个一级行业、24个二级行业、62个三级行业和135个四级行业。

绩效产生何种影响。

一、房地产企业经营绩效分析

从房地产上市公司来看，2006年以来公司绩效出现下滑趋势，收益率、获利率、增长率均出现下滑趋势，资本结构出现杠杆率提升的趋势，资产管理效率也有所降低（见表3-1）。

表3-1　我国上市房地产公司核心财务指标

指标		2013	2012	2011	2010	2009	2008	2007	2006
收益率	销售毛利率（%）	33.56	37.91	39.98	38.19	36.54	39.73	38.34	33.86
	三费/销售收入（%）	8.41	9.35	10.04	9.16	8.93	11.05	10.03	12.67
	销售净利率（%）	13.56	14.81	16.15	16.32	16.64	15.23	15.79	11.14
获利率	ROE（%）	14.79	14.45	14.07	13.65	13.12	11.05	14.3	8.85
	ROA（%）	3.7	3.85	4.05	4.46	4.8	4.24	5.4	3.56
增长率	销售收入增长率（%）	28.29	26.94	13.64	26.46	27.53	8.88	53.46	39.97
	净利润增长率（%）	15.94	14.5	10.78	23.67	39.11	-3.06	110.3	147.99
	总资产增长率（%）	23.14	20.56	21.64	32.68	31.65	19.48	49.16	42.5
	股东权益增长率（%）	16.68	14.3	16.12	14.58	23.87	20.52	51.88	27.45
资本结构	资产负债率（%）	74.56	73.08	71.17	69.69	65.02	62.19	62.49	63.48
	流动比率	1.64	1.63	1.67	1.84	1.98	1.9	1.81	1.6
	速动比率	0.43	0.44	0.43	0.59	0.67	0.51	0.58	0.53
资产管理效率	总资产周转率（次/每年）	0.27	0.26	0.25	0.27	0.29	0.28	0.34	0.32
	固定资产周转率（次/每年）	16.43	14.11	11.32	12.14	11.87	8.11	10.22	5.48
	应收账款周转率（次/每年）	23.1	25.49	23.84	24.34	24.35	21.91	24.91	14.1
	存货周转率（次/每年）	0.28	0.25	0.24	0.29	0.31	0.28	0.38	0.42

注：净资产收益率（Rate of Return on Common Stockholders' Equity, ROE），又称股东权益报酬率（净值报酬率、权益报酬率、权益利润率、净资产利润率），是净利润与平均股东权益的百分比，是公司税后利润除以净资产得到的百分比率，该指标反映股东权益的收益水平，用以衡量公司运用自有资本的效率，指标值越高，说明投资带来的收益越高，体现了自有资本获得净收益的能力。资产收益率（Return On Assets, ROA），也叫资产回报率，它是用来衡量每单位资产创造多少净利润的指标，计算的方法为公司的年度盈利除以总资产，资产收益率一般以百分比表示，有时也称为投资回报率。

资料来源：Wind数据库。

从收益率来看，房地产企业的收益率水平总体上维持稳定，但2013年来出现下降趋势（见图3-1）。2006～2013年，销售毛利率平均值为37.3%，其中2013年为33.56%，低于平均水平；2006～2013年，销售净利率平均值为14.96%，其中2013年为13.56%，低于平均水平。另外，2006～2013年，三费占销售收入的比重呈现下降趋势，可以得知房地产企业收益率水平的下降并不是由于财务费用、管理费用、营业费用等费用上升引起的，而是由于市场不景气、土地成本上升等因素造成的。

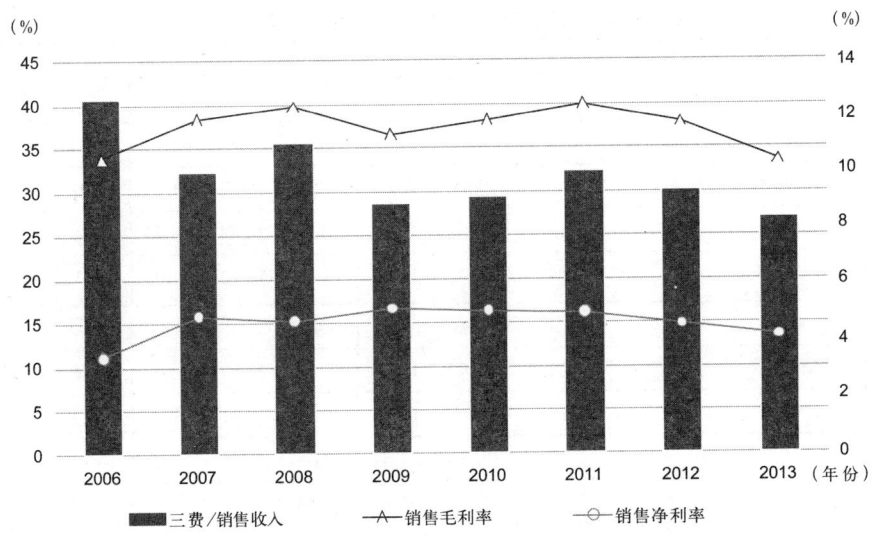

图3-1 房地产企业收益率

注：销售毛利率和销售净利率为左坐标轴；三费/销售收入为右坐标轴。
资料来源：Wind数据库。

从资产获利率来看，近年来房地产企业净资产收益率和资产收益率的走势出现分化（见图3-2）。2006～2013年，净资产收益率出现明显上升，反映了房地产企业创造股东价值能力的提升；相比之下，2006～2013年，总资产收益率出现下滑趋势，反映了房地产企业总体资产效率的下降。一般来讲，企业负债率的提升能够提高净资产收益率，而导致资产收益率的降低，因此房地产企业净资产收益率和资产收益率走势的分化，在一定程度上也说明了企业负债率的提高。

第三章　国有企业投资房地产对企业绩效的影响

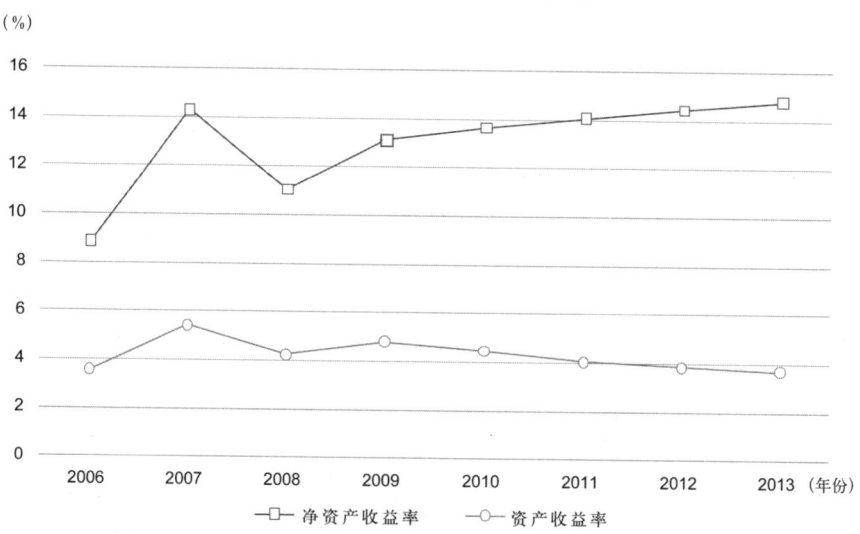

图3-2　房地产企业资产获利率

资料来源：Wind数据库。

从增长率来看，房地产企业在国际金融危机以后，各项指标增长率均出现下滑趋势（见图3-3），反映了房地产行业已经难以长期维持过去的高速增长。2013年房地产企业销售收入增长率为28.29%，低于2006年的39.97%，但高于2006~2013年的均值28.15%，说明房地产市场需求仍维持较快增长；2013年净利润增长率为15.94%，明显低于2006年的147.99%，也低于2006~2013年的均值44.90%，说明房地产企业暴利时代的结束；2013年总资产增长率和股东权益增长率分别为23.14%和16.68%，低于2006年的42.50%和27.45%，也低于2006~2013年的均值30.10%和23.18%，说明房地产企业扩张速度和资本规模的逐步下降。

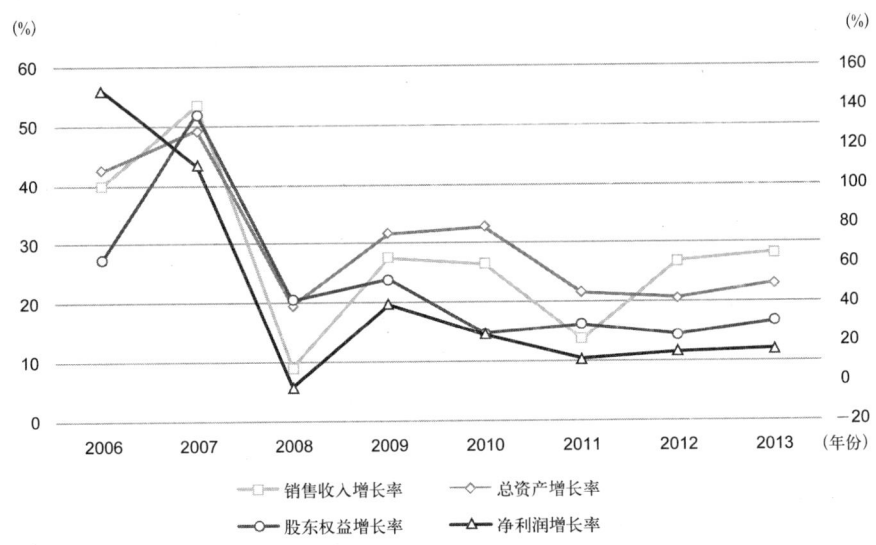

图3-3 房地产企业增长率

注：销售收入增长率、总资产增长率、股东权益增长率为左坐标轴；净利润增长率为右坐标轴。
资料来源：Wind数据库。

从资本结构来看，房地产企业杠杆率加大、偿债能力降低（见图3-4），反映了企业资金趋于紧张，经营风险提高。2013年房地产企业资产负债率达到了74.56%，高于2006~2013年的平均水平67.71%，更高于2006年的63.48%，反映了企业资本杠杆率的提高。同时，2013年房地产企业的流动比率和速动比率分别为1.64和0.43，低于2006~2013年的平均值1.76和0.52。

从资产管理效率来看，房地产企业资产管理效率总体上出现下滑趋势（见图3-5）。2006~2013年，房地产企业总资产周转率、应收账款周转率、存货周转率均出现下滑趋势，相比之下固定资产周转率出现提升。这说明虽然房地产企业内部管理效率有所提高，但受宏观经济形势影响，总资产、债务、存货等流转效率出现下滑。

第三章 国有企业投资房地产对企业绩效的影响

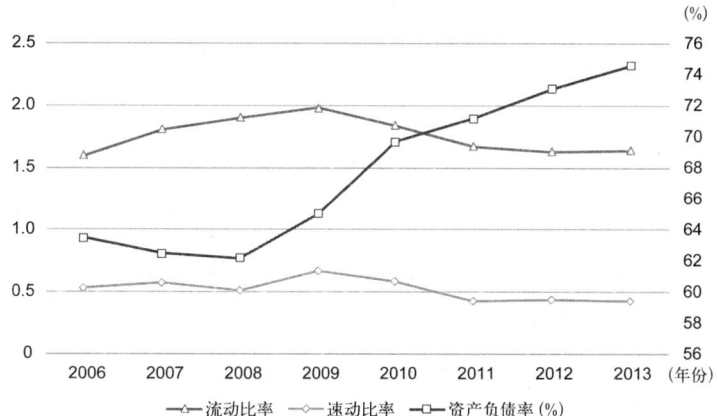

图3-4 房地产企业资本结构

注：流动比率和速动比率为左坐标轴；资产负债率为右坐标轴。流动比率（Current Ratio）是流动资产对流动负债的比率，用来衡量企业流动资产在短期债务到期以前，可以变为现金用于偿还负债的能力；速动比率（Quick Ratio），又称"酸性测验比率"（Acid-test Ratio），是指速动资产对流动负债的比率。它是衡量企业流动资产中可以立即变现用于偿还流动负债的能力。

资料来源：Wind数据库。

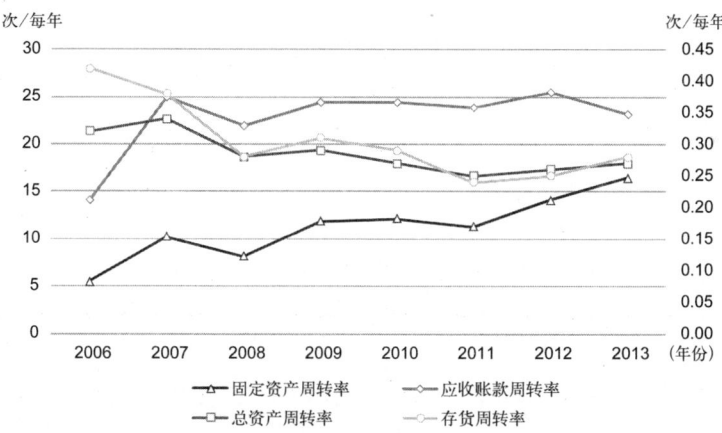

图3-5 房地产企业资产管理效率

注：固定资产周转率和应收账款周转率为左坐标轴；总资产周转率和存货周转率为右坐标轴。
资料来源：Wind数据库。

二、房地产企业股权结构分析

上市房地产企业的股权集中度较高，从2013年年报来看，截至

2013年底，沪、深两市上市的房地产企业第一大股东的平均持股比例为39.12%，前十大股东平均持股比例为54.89%①，这一比例远远高于上市公司的平均水平。在156家房地产上市企业中，有48家企业第一大股东持股比例超过50%，达到绝对控股水平，比重达到30%以上，有99家前十大股东持股比例超过50%，达到绝对控股水平，比重达到63%以上。从沪、深两市第一大股东持股比例最高的10家房地产上市公司来看，第一大股东持股比例均超过了70%（见表3-2），体现了股权结构的高集中度。

表3-2 沪、深两市第一大股东持股比例最高的10家房地产上市公司

公司简称	第一大股东持股比例（%）	前十大股东持股比例（%）	实际控制人
银亿股份	89.41	93.02	熊续强
中国国贸	80.65	87.67	香格里拉（亚洲）有限公司
泰禾集团	79.57	88.09	黄其森
荣安地产	78.02	86.36	王久芳及其一致行动人
宁波富达	76.95	83.15	宁波市国资委
天保基建	74.98	79.84	天津港保税区国资局
深圳华强	74.96	76.43	原华强集团员工
泛海控股	73.67	86.56	卢志强
顺发恒业	73.65	80.74	鲁冠球
中江地产	72.37	75.24	江西省国资委

资料来源：笔者根据Wind数据库计算整理。

大量上市房地产企业的实际控制者为国有资本。房地产行业是国有资本进入最多的领域之一，根据上市公司2013年年报，截至2014年1月份，在沪、深两市156家房地产上市企业中，实际控制人为国有资本的企业数量为76家，比例接近50%②（见表3-3）。由此可见，在沪、深两市中，房地产上市公司中很大比例是由国有资本进行控股的。

---

① 笔者根据Wind数据库计算。
② 为了方便统计，将同一家公司的A股和B股作为两家公司来计算。

第三章 国有企业投资房地产对企业绩效的影响

表3-3 国有资本控制的沪、深两市上市房地产公司

证券简称	大股东持股比例（%）	前十大股东持股比例（%）	实际控制人
宁波富达	76.95	83.15	宁波市国资委
天保基建	74.98	79.84	天津港保税区国资局
中江地产	72.37	75.24	江西省国资委
电子城	69.99	76.66	北京市国资委
上实发展	63.65	70.18	上海市人民政府国资委
渝开发	63.58	65.19	重庆市国资委
深深房A	63.55	64.63	深圳市国资委
深深房B	63.55	64.63	深圳市国资委
凤凰股份	61.51	71.76	江苏省人民政府
天津松江	59.67	73.94	天津市国资委
合肥城建	57.89	63.11	合肥市国有资产控股有限公司
陆家嘴	57.64	67.96	上海市国资委；上海市浦东新区国资办
陆家B股	57.64	67.96	上海市国资委；上海市浦东新区国资办
天地源	56.52	58.78	西安市人民政府
西藏城投	56.05	67.51	上海市闸北区国资委
黑牡丹	55.81	73.99	常州国家高新技术产业开发区管委会
城投控股	55.61	61.62	上海市国资委
信达地产	54.75	72.09	财政部
深物业A	54.33	65.43	深圳市国资委
深物业B	54.33	65.43	深圳市国资委
张江高科	53.58	56.37	浦东新区国资委
中房地产	53.32	77.87	国务院国资委
鲁商置业	52.62	74.98	山东省人民政府国资委
格力地产	51.94	64.50	珠海市国资委
中粮地产	50.65	54.69	国务院国资委
北京城建	50.41	67.19	北京市国资委
大港股份	50.07	55.80	镇江市国资委
首开股份	49.95	67.57	北京市人民政府国资委
大龙地产	47.65	50.36	北京市顺义区国资委
华远地产	46.07	79.03	北京市西城区国资委

续表

证券简称	大股东持股比例（%）	前十大股东持股比例（%）	实际控制人
京能置业	45.26	53.16	北京市国资委
浦东金桥	43.82	52.92	上海市国资委和上海市浦东新区国资委
金桥B股	43.82	52.92	上海市国资委和上海市浦东新区国资委
保利地产	42.14	51.56	国务院国资委
市北高新	41.94	43.76	上海市闸北区国资委
市北B股	41.94	43.76	上海市闸北区国资委
南国置业	41.27	78.79	国务院国资委
S前锋	41.13	55.44	北京市人民政府国资委
苏州高新	40.57	45.05	苏州高新区管委会
招商地产	40.38	56.05	国务院国资委
招商局B	40.38	56.05	国务院国资委
金丰投资	38.96	40.77	上海市国资委
海宁皮城	36.69	74.42	海宁市财政局
中华企业	36.36	40.81	上海市国资委
轻纺城	35.19	45.80	绍兴县人民政府
铁岭新城	34.72	51.87	铁岭市财政局
南京高科	34.66	46.10	南京市国资委
北辰实业	34.48	65.08	北京市人民政府国资委
栖霞建设	34.34	53.50	南京栖霞国有资产经营公司
云南城投	32.86	40.64	云南省国资委
汇丽B	32.64	55.88	上海市浦东新区国资委
亚通股份	32.51	36.35	上海市崇明县国资委
沙河股份	32.02	44.41	深圳市人民政府国资委
中国武夷	31.51	57.91	福建省国资委
深赛格	30.25	35.43	深圳市人民政府国资委
深赛格B	30.25	35.43	深圳市人民政府国资委
珠江实业	29.94	39.70	广州市人民政府国资委
京投银泰	29.81	58.42	北京市国资委
嘉凯城	28.46	82.42	浙江省国资委
华鑫股份	26.62	32.71	上海市国资委

第三章　国有企业投资房地产对企业绩效的影响

续表

证券简称	大股东持股比例（%）	前十大股东持股比例（%）	实际控制人
金融街	26.55	35.80	北京市西城区国资委
珠江控股	26.36	29.83	北京市国资委
珠江B	26.36	29.83	北京市国资委
东湖高新	26.13	44.07	湖北省人民政府国资委
天房发展	25.11	30.52	天津市国资委
海泰发展	24.12	31.56	天津市人民政府
津滨发展	23.29	29.49	天津市国资委
中航地产	22.35	55.86	国务院国资委
中体产业	22.07	29.26	国家体育总局
华发股份	21.91	32.39	珠海市人民政府国资委
长春经开	21.88	36.53	长春市国资委
广宇发展	20.82	33.23	国务院国资委
深振业A	20.31	54.83	深圳市人民政府国资委
中房股份	18.96	49.05	中央汇金投资有限责任公司
新黄浦	14.32	45.87	北京国际信托有限公司
嘉宝集团	12.13	30.96	上海市嘉定区国资委

资料来源：笔者根据Wind数据库整理。

从控股的国有资本构成来看，房地产上市公司的控股国有资本主要是地方国资委和地方政府，而国务院国资委或其他部委控股的企业相对较少。在76家国有资本控制的上市房地产企业中，国务院国资委控制的企业为8家，占比为10.53%；国务院其他部委及中央企业控制的企业为4家，占比为5.26%；地方国资委、国资局、国资办、国有资产控股（经营）公司控制的企业为56家，占比为73.68%；地方政府、开发区管委会、地方财政局控制的企业为8家，占比为10.53%。之所以地方国资委和地方政府控制的上市房地产企业数量要远远多于国务院国资委和其他部委控制的上市房地产企业数量，一方面是由于地方政府数量众多，累加效应造成了控制的房地产企业数量众多；另一方面是由于房地产企业对于地方政府完善基础设施建设、加快经济社会发展方面具有难以替代的重要作用，因此地方政府有着很强的动力入股房地产企业。很多地方政府入股的房地产企业不但承担着参与市场竞争、获取利润的市场职能，而且承担着推动基础设施建设、为地方政府融资、改善居民生活环境等政府职能。

三、面板数据模型

受到承担各种特殊职能的影响，国有房地产企业在投资决策、经营模式和利益相关者关系等方面与其他类型企业具有很强的差异性，而这种差异性也可能会导致企业经营绩效的不同。对此，利用面板数据模型进行实证研究，量化分析所有制类型企业在经营效益上的差异。

1.数据来源与样本选择

由于中国微观层面的统计数据不够充分，无法获得所有房地产企业的股权结构数据和相应的经营绩效数据，因此将采用上市公司数据作为样本研究房地产企业股权结构与公司绩效的关系。在数据来源上，选择了Wind数据库。本书对Wind数据库中沪、深两市上市房地产企业进行筛选，从156家企业数据中筛选出来101家作为样本企业进行研究。具体筛选条件如下：第一，剔除掉ST、*ST、S*ST类的上市公司。由于这类公司财务数据可能会出现异常，若将其纳入研究样本中很可能会对实证结果的可靠性产生影响。第二，剔除掉一些年报信息披露不完整的公司。有些公司没有披露净资产收益率，有些公司没有披露资产总额数据等。对于这种类型公司，在分析中均将其剔除。第三，剔除掉一些极端数据的公司。有一些公司数据缺乏稳定性，在不同年份出现很大的波动，净资产收益率在有的年份达到了100%以上，而在有的年份又跌回负值。对于此类公司，为提高样本质量，也将其剔除。第四，对同时在A股和B股上市的公司进行调整。公司同时在A股和B股上市可能会影响到公司经营，因此需要对其进行处理。处

第三章 国有企业投资房地产对企业绩效的影响

理的方式是以A股公报为准，剔除掉B股公报的数据。

2.变量的选择

为分析房地产上市公司股权结构与企业绩效的关系，必须要确定用哪些指标衡量企业绩效，用哪些指标衡量公司股权结构，以及需要考虑哪些控制性指标，这就涉及变量选择的问题。

选择净资产收益率作为被解释变量。对于企业绩效的衡量，现有研究者主要采用了以下三个指标。一是托宾Q值，指的是公司市场价值对其资产重置成本的比率，反映的是一个企业两种不同价值估计的比值，分子是在金融市场上公司表现出来的价值，分母是企业的"基本价值"即重置成本。很多国外研究者往往选择这个指标，例如，Ruekert、Walker 和 Roering 在1985年发表的论文中就采用了这一指标。由于我国资本市场还是弱势有效市场，与西方的成熟市场有效性存在较大的差距，虽然施行了股权分置改革，但是目前股票市场还未实现全流通，市场价值很难准确估计，公司的资产重置成本比较难获取，我国学者通常是用资产的账面价值代替，但是账面价值与重置成本还是存在较大区别（金丽蓉，2013），因此本书没有采用托宾Q值作为反映企业绩效的核心指标。二是资产收益率，也叫资产回报率，它是用来衡量每单位资产创造多少净利润的指标，计算的方法为公司的年度盈利除以总资产值，资产收益率一般以百分比表示，有时也称为投资回报率。资产收益率反映了公司资本管理和运营的效率，能够较好地反映企业绩效，然而这一指标的最大问题在于反映的是所有资产的运营效率，而非净资产的运行效率。对很多企业来讲，虽然资产收益率较低，但净资产收益率却可能较高，可以为股东带来较大收益。三是净资产收益率，又称股东权益报酬率（净值报酬率、权益报酬率、权益利润率、净资产利润率），是净利润与平均股东权益的百分比，是公司税后利润除以净资产得到的百分比率，该指标反映股东权益的收益水平，用以衡量公司运用自有资本的效率，指标值越高，说明投资带来的收益越高，体现了自有资本获得净收益的能力。

将股权结构作为解释变量，具体包括两个方面的指标：一是股权性质。笔者选择公司实际控制人作为反映股权性质的解释变量。在Wind数据库中对提供了房地产上市公司的实际控制人资料，笔者逐个对每家企业的数据进行整理，将其分为私人资本控制的公司、地方国有资本控制的公司、中央国有资本控制的公司三大类别，并设置了虚拟变量作为反映股权性质的解释变量。二是股权集中度。笔者选择了第一大股东持股比例、前十位股东持股比例合计两个指标，作为反映上市房地产企业股权集中度的解释变量。变量设置如表3-4所示。

表3-4 变量设置

变量性质	变量名称	变量符号	变量说明
被解释变量	净资产收益率	ROE	公司税后利润除以净资产得到的百分比率
解释变量	股权性质	XZ	包括私人资本控制的公司、地方国有资本控制的公司、中央国有资本控制的公司三大类别
	第一大股东持股比例	CR1	第一大股东持股数除以总股本
	前十位股东持股比例合计	CR10	前十位股东持股数量除以总股本
控制变量	资产总额	AS	公司年末总资产规模
	资产负债率	DA	公司总负债除以公司总资产

将资产总额、资产负债率作为控制变量。资产总额和资产负债率对于房地产企业绩效有可能产生影响。一般来讲，房地产行业是一个需要高资金投入的企业，投资回收周期长，必须要有足够强的资金实力才可以支撑大规模的项目运作、抵御经营风险，因此资产总额可能会影响到企业绩效。同样，资产负债率的高低能够反映企业使用财务杠杆的程度以及对于投资风险的态度。如果企业的资产负债率较高，则企业更倾向于选择投资回收周期短、现金流稳定的项目；相反，如果企业的资产负债率较低，则企业可能愿意选择一些回收周期长，但收益更高的项目。

第三章 国有企业投资房地产对企业绩效的影响

3. 研究假设

本部分模型研究的重点在于分析股权结构与企业绩效的关系,而股权结构主要体现在股权性质和股权集中度两个方面。文中将据此提出假设,并利用实证研究对假设进行检验。具体来看,主要包括两个方面的假设。

假设1:国有资本对房地产企业绩效将会产生影响。

假设1a:国有资本控制对房地产企业绩效将会产生正向影响;

假设1b:国有资本控制对房地产企业绩效将会产生负向影响。

(1) 假设1。

国有资本进入并控制房地产企业以后,既能够为房地产企业带来政府关系等很多资源,同时也将带来公司治理效率的变化,因此可能会对企业绩效产生影响。然而,国有资本对房地产企业绩效的影响方向具有不确定性,一方面可能会因为带来更多资源而促进企业绩效的提高,另一方面也可能会因为降低了公司治理效率而带来企业绩效的降低。因此,在假设1的框架下,可以进一步设置两个子假设,分别反映国有资本对房地产企业绩效影响的不同方向。

假设2:股权集中度对房地产企业绩效将会产生影响。

假设2a:股权集中度的提高对房地产企业绩效将会产生正向影响;

假设2b:股权集中度的降低对房地产企业绩效将会产生负向影响。

(2) 假设2。

股权集中度的变化将带来公司治理机制的变化。一般来讲,股权集中度较高,意味着股东具有更强的"实时控制能力",当企业经营不善时能够及时反应,更换经营管理者,调整公司战略,相反股权集中度较低,意味着股东对经营管理者的控制力较弱,只能通过"用脚投票"对经营管理者形成压力。对此,将设置假设2,检验我国房地产上市公司股权集中度的变化是否会对企业绩效产生影响。为进一步分析股权集中度对企业绩效的影响方向，设置了两个子假设，分别反映股权集中度变化对企业绩效影响的不同方向。

4. 样本描述性统计

模型将采用3个不同年份（2007年、2010年、2013年）101家企业的数据，建立了面板数据集（见表3-5）。资产收益率有303个观测值，平均值为9.33，标准差为9.77，最大值为51.25，最小值为-54.48；股权性质（XZ）为虚拟变量，0代表私营资本，1代表地方国有资本，2代表中央国有资本，有303个观测值，平均值为0.63，标准差为0.64，最大值为2，最小值为0；第一大股东持股比例（CR1）有303个观测值，平均值为37.37，标准差为17.74，最大值为82.45，最小值为7.85；前十大股东持股比例（CR10）有303个观测值，平均值为52.80，标准差为16.46，最大值为98.95，最小值为20.17；资产总额（AS）有303个观测值，平均值为1.38E+10，标准差为3.89E+10，最大值为4.79E+11，最小值为5702103；资产负债率（DA）有303个观测值，平均值为57.15，标准差为17.77，最大值为92.58，最小值为1.65。总体来看，数据集属于平衡面板，且个体数量较多、时间区间较少的短面板数据集。

表3-5 样本数据的描述性统计

指标 变量	样本个数	均值	标准差	最小值	最大值
净资产收益率（ROE）	303	9.329748	9.774979	-54.4775	51.2451
股权性质（XZ）	303	0.627063	0.642991	0	2
第一大股东持股比例 （CR1）	303	37.36885	17.737	7.85	82.446
前十大股东持股比例 （CR10）	303	52.80011	16.46447	20.17	98.95
资产总额（AS）	303	1.38E+10	3.89E+10	5702103	4.79E+11
资产负债率（DA）	303	57.14534	17.76866	1.652	92.5847

注：股权性质为虚拟变量，0代表私营资本，1代表地方国有资本，2代表中央国有资本。

5. 实证分析与检验

为测算股权结构对企业绩效可能产生哪些影响，设置面板数据模型进行测算分析。考虑可能对企业绩效产生影响的因素过多，无法在研究中全部列出，只能根据研究需要设置被解释变量和解释变量，并选择关键的控制性变量。

$$ROE_{in}=C+\alpha_1*XZ_{in}+\alpha_2*CR1_{in}+\alpha_3*CR10_{in}+\alpha_4*AS_{in}+\alpha_5*DA_{in}+u \quad (3-1)$$

其中，ROE_{in}代表第i个企业第n期的净资产收益率。XZ_{in}为代表股权性质的虚拟变量。在使用STATA/SE12进行虚拟变量回归的时候，自动被分解成为两个虚拟变量：一是$\_Ixz\_1$，如果企业实际控制人为地方政府、地方国资委或地方其他政府机关，那么就取值为1，否则为0；二是$\_Ixz\_2$，如果企业实际控制人为国务院国资委、中央部委或国务院其他部门，那么就取值为1，否则为0。$CR1_{in}$代表第i个企业第n期第一大股东的持股比例。$CR10_{in}$代表第i个企业第n期前十大股东的合计持股比例。AS_{in}代表第i个企业第n期的资产总量。DA_{in}代表第i个企业第n期的资产负债率。

为了考察变量之间可能存在的多重共线性问题，笔者分别计算了各解释变量的方差膨胀因子，结果显示各变量的方差膨胀因子均小于5（见表3-6），因而多重共线性问题并不严重。

表3-6 方差膨胀因子

Variable	VIF	1/VIF
XZ		
1	1.17	0.856905
2	1.12	0.892635
CR1	3	0.333339
CR10	2.89	0.345639
AS	1.12	0.893708
DA	1.14	0.87621
Mean VIF	1.74	

一般来讲，对于静态面板数据的估计可采用三种方法，分别是混合OLS模型、固定效应模型及随机效应模型，究竟哪种是最适用的，可采用检验方法进行分析。其中，混合OLS模型与面板数据模型的选择可采用F检验与LM检验进行判断，而随机效应模型与固定效应模型的选择则可采用Hausmann检验进行判断。

Test：Ho： difference in coefficients not systematic

$$\text{chi2 (5)} = (b-B)'[(V\_b-V\_B)^{(-1)}](b-B)$$
$$= 25.91$$

Prob>chi2 = 0.0001

(V_b−V_B is not positive definite)

通过Hausmann检验可知，chi2拒绝了原假设，因此采用固定效应模型更为适合。同时，混合OLS模型、固定效应模型及随机效应模型三种模型估计结果在显著性和方向上具有一致性，进一步验证了股权结构对企业绩效的作用情况（见表3-7）。

表3-7 混合OLS模型、固定效应模型、随机效应模型估计结果比较

解释变量	混合OLS模型[①]	固定效应模型	随机效应模型
_Ixz_1	3.649** (3.22)	7.461* (2.43)	3.970** (3.15)
_Ixz_2	4.848* (2.50)	13.00** (2.90)	5.798** (2.72)
CR1	−0.0567 (−1.11)	−0.0347 (−0.34)	−0.0619 (−1.13)
CR10	0.175** (3.24)	0.296*** (3.53)	0.198*** (3.50)
AS	4.07e−11** (2.87)	1.13E−11 (0.52)	3.68e−11* (−2.45)

---

① 读者可能会对使用固定效应模型存在一定的异议，认为大部分企业股权实际控制人没有变化，因此不适宜使用固定效应模型。对此，笔者采用的处理方法是适当扩大样本的时间跨度，选择的年份分别为2007年、2010年和2013年，从而使更多的企业股权实际控制人发生转变。事实上，在101家样本企业中，有19家企业股权实际控制人发生了变化，因此虽然固定效应模型的样本数较少，但结果仍具有一定的参考价值。

续表

解释变量	混合OLS模型①	固定效应模型	随机效应模型
DA	0.059 (1.88)	−0.0675 (−1.45)	0.0357 (−1.09)
_CONS	−3.789 (−1.60)	−5.785 (−1.45)	−3.668 (−1.46)
N	303	303	303
R^2	0.1374	0.0809	0.2098

注：系数下方括号内为其标准差。*代表$p<0.05$，**代表$p<0.01$，***代表$p<0.001$。

6. 结果说明

通过对面板数据模型结果进行分析，可以获得以下结论。

第一，国有资本控股房地产企业能够提高企业绩效。无论是混合OLS模型、固定效应模型，还是随机效应模型，股权性质XZ（虚拟变量_Ixz_1、_Ixz_2）均在5%的水平下显著，且_Ixz_1和_Ixz_2的系数均为正值。从三个模型的比较来看，固定效应模型中_Ixz_1、_Ixz_2的系数最大，达到了7.461和13，意味着地方国有资本和中央国有资本进入房地产企业能够使净资产收益率分别提高7.461个和13个百分点；混合OLS模型中_Ixz_1、_Ixz_2的系数最小，分别为3.649和4.848，意味着地方国有资本和中央国有资本进入房地产企业能够使净资产收益率分别提高3.649个和4.848个百分点。

第二，中央国有资本控股比地方国有资本控股更能够提高企业绩效。无论是混合OLS模型、固定效应模型，还是随机效应模型，_Ixz_2的系数均高于_Ixz_1的系数，这说明中央国有资本对企业绩效的影响程度更大。从三个模型的比较来看，固定效应模型中_Ixz_2的系数比_Ixz_1的系数高出最多，高了5.539个百分点；混合OLS模型中_Ixz_2的系数比_Ixz_1的系数高出最少，高了1.2个百分点。

第三，前十位股东持股比例的提升能够显著提升房地产企业绩效，但第一大股东持股比例的提升对房地产企业绩效提升作用不显著。无论是混合OLS模型、固定效应模型，还是随机效应模型，CR1

的估计结果均不显著,而CR10的结果均十分显著。具体从影响幅度来看,混合OLS估计结果认为,前十大股东持股比例总和每增加1个百分点,企业净资产收益率提高0.175个百分点;固定效应模型结果认为,前十大股东持股比例总和每增加1个百分点,企业净资产收益率提高0.296个百分点;随机效应模型结果认为,前十大股东持股比例总和每增加1个百分点,企业净资产收益率提高0.198个百分点。

第四,企业资产规模的提高能够提升房地产企业经营绩效。在模型中,设置了两个控制变量资产总额（AS）和资产负债率（DA）,从检验结果来看,资产总额（AS）在混合OLS模型和随机效应模型中均显著且为正,而资产负债率（DA）不显著,说明企业资产总额（AS）对企业经营绩效具有正向影响,而资产负债率（DA）影响不明显。

第三节　股权结构对房地产企业经营绩效影响的综合分析

本章的第一部分分析了企业股权结构对企业绩效影响的作用机制,第二部分利用沪、深两市房地产上市公司数据对股权结构的影响进行了实证分析,本节将综合前面两节的研究结论,提出股权结构对房地产企业经营绩效影响的综合分析结论（见图3-6）。

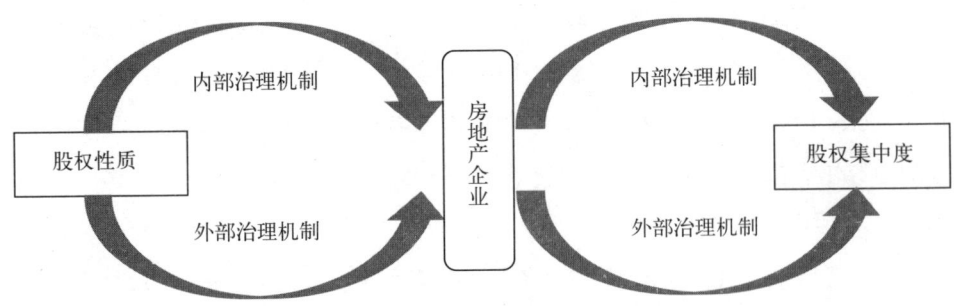

图3-6　股权结构对房地产企业经营绩效的影响

第三章　国有企业投资房地产对企业绩效的影响

一、国有资本控股对房地产企业经营绩效的影响

从实证结果来看，国有资本控股房地产企业能够显著提升企业的经营绩效。然而，这一结果是如何产生的呢？具体分析来看，笔者认为，主要是由内部治理机制、外部治理机制两种作用方向相反的力量综合作用的结果。

从内部治理机制来看，国有资本控股不利于房地产企业内部治理机制的优化，从而影响企业的经营绩效。事实上，在实证研究的过程中，能够发现不同国有房地产企业绩效差异很大，波动程度大大超过了私营房地产企业。有些国有企业经营绩效很好，但也有一些国有房地产企业经营绩效很差。这些经营绩效很差的房地产企业在很大程度上是由治理效率低下造成的。在进行样本选择的时候，为保证数据质量，对一些波动性很大、数据极端的样本进行了剔除，而这其中就包括了一些国有房地产企业。

从外部治理机制来看，国有资本控股有利于房地产企业经营绩效的提升。房地产行业是一个特殊行业，一方面体现在企业经营资本高度依赖于外部融资，大量的资金来源于银行贷款等债务融资，因此企业的融资能力是决定企业发展的重要因素；另一方面体现在企业经营受到政府政策影响很大，对房地产企业来讲，良好的政府关系是决定自身能否获得稀缺的土地资源、能否使项目顺利推进并取得丰厚收益的关键因素，国有资本控股房地产企业将直接影响房地产企业获取土地等稀缺资源，拥有更便利地从银行获得融资的能力，因此能够提高企业绩效。之所以中央国有资本控股比地方国有资本控股更能够提高企业绩效，主要是因为中央企业比地方国有企业具有更强的获取资源的能力。尤其是在北京、上海、广州等一线城市中，很多黄金地段的土地往往被中央企业所获得，而一线城市项目利润也往往最为丰厚，从而带来房地产中央企业绩效的提升。

综合来看，外部治理机制的正向作用强于内部治理机制的负向作

用，因此国有资本控股房地产企业有助于房地产企业经营绩效的提升。然而，需要指出的是，这种绩效的提升可能会建立在不公平竞争和破坏市场秩序的基础上。从一定意义上讲，政府对资源配置的不正当干预造成了国有房地产企业经营绩效的提升。

二、股权集中度对房地产企业经营绩效的影响

从实证结果来看，前十位股东持股比例的提升能够显著提升房地产企业绩效，但第一大股东持股比例的提升对房地产企业绩效提升作用并不显著。这一结果的产生，同样是内部治理机制和外部治理机制综合作用的结果。

从内部治理机制来看，股权集中度的提升能够提高公司治理效率。对房地产企业来讲，股权集中度的提升意味着能够提高股东对公司经营状况的"实时控制能力"，一旦经营管理者的行为出现较大偏差，可以采用更换管理者等方式直接进行"纠偏"，相对于"用脚投票"会更为高效。然而，从中国房地产企业的实际情况来看，目前企业的股权集中度已经很高，第一大股东持股比例超过50%的企业占30%以上，前十大股东持股比例超过50%的企业占50%以上。在这种情况下，通过进一步提升股权集中度优化公司治理效率的空间已经较为有限。因此，从实证分析来看，第一大股东持股比例对企业经营绩效的影响并不显著，前十大股东持股比例对企业经营绩效的影响虽然显著，但也并不是很大。

从外部治理机制来看，股权集中的提升并不利于资本在市场上的自由流动。过高的股权集中度意味着竞争对手的收购变得更为困难，企业面对的并购压力大大减小，从而不利于企业提高经营管理效率。同时，也不利于企业经理人在不同企业之间的流动，不利于经理人市场的发育与完善。

综合来看，内部治理机制的正向作用强于外部治理机制的负向

作用，但优势并不明显，因此股权集中度的提升并不能明显提升房地产企业的经营绩效。在目前上市房地产企业股权集中度已经很高的情况下，更多的是需要从完善控制权市场、高层管理人才市场、产品市场、法律法规市场、其他社会监督和利益相关者制衡等方面促进公司治理效率的提升。

第四章　国有企业投资房地产对产业组织的影响

国有企业投资房地产将对房地产行业的市场有效性、市场竞争机制和企业的竞争策略产生重要影响,从而带来整个行业发展绩效的变化。本章将在产业组织理论的基础上,采用哈佛大学经济学教授梅森(E.Mason)和贝恩(J.Bain)提出的"市场结构(Structure)—市场行为(Conduct)—市场绩效(Performance)范式"(简称SCP范式),对国有企业投资房地产对房地产行业的影响进行分析。其中,第一部分重点分析国有企业投资房地产对房地产行业市场结构的影响;第二部分重点分析国有企业投资房地产对房地产行业市场行为的影响;第三部分重点分析国有企业投资房地产对市场绩效的影响。

第一节　国有企业投资房地产对市场结构的影响

市场结构主要是指产业的供给方结构,描述了在一个产业的市场中企业之间的关系,以及由此而决定的竞争形式,反映了产业的竞争性质和垄断程度。市场结构往往由集中度、产品差别化水平、新企业进入/退出行业的壁垒、企业规模等因素所影响和决定。其中,集中度和企业规模反映了市场结构的基本性质,是外显层次的因素,而产品差异化和进入/退出壁垒决定了集中度和企业规模,是内含层次的因素。根据市场竞争和垄断的不同程度,人们一般粗略地把市场结构划分为完全竞争的市场结构、垄断竞争的市场结构、寡头垄断的市场结构和完全垄断的市场结构。

对于市场结构是如何形成的问题，有结构主义和重建主义两种不同观点（W.Chan Kim等，1997）。其中，结构主义将市场结构视为事前给定的，认为企业无法改变现有的市场结构，只能对其进行适应，因此应选择一个具有吸引力的产业，然后在现有市场空间中建立起相对于对手的优势地位。与此相反，重建主义认为基本不存在什么有吸引力或没有吸引力的产业，因为产业吸引力的水平可以通过企业的战略行动而改变，企业可以通过价值创新活动重新划定产业边界，开创新的市场空间，改变市场结构。笔者认为，市场结构的形成并非结构主义或重建主义单一原因形成的，而是二者综合作用的结果。单一企业，尤其是新进入的企业一般无法对市场结构造成根本性的影响，但是众多企业的共同行为却最终决定了市场结构。

国有企业投资房地产对房地产行业的影响同样是结构主义和重建主义综合作用的结果。房地产开发与经营活动是典型的开放式复杂系统，具有难度大、灵活性强的特征，具体表现在开发经营环节交错复杂，价值链上不同的利益相关方很多，项目开发经营周期长，相关产业形态多等特性，同时具有巨大的政策依赖性，受国家宏观调控政策影响（孙晓娟，2010）。国有房地产企业在进入房地产行业之后，往往具有更强的改变规则的能力，不仅在经营环节上有更便利的条件获取优质的土地资源，更容易从银行获得贷款，资金实力更强，而且往往能够在一定程度上影响国家的房地产政策，从而对市场结构产生更为重要的影响。

一、对市场集中度的影响

市场集中度，又称为产业集中度，是指在市场中某一个行业内部少数大企业在生产量、销售量、资本总额等方面的资源集中程度以及对整个市场支配能力，一般是采用少数大企业的特定指标

第四章　国有企业投资房地产对产业组织的影响

占整个行业总量的百分比来衡量。产业集中度的高低反映了行业中大企业支配能力的大小，是反映一个行业市场结构的基础性指标。对产业集中度的衡量，可以采用行业集中度指数（CRn）、海纳—凯指数（HKI）、熵指数（EI）等绝对指标，以及赫芬达尔指数（HHI）、洛伦兹曲线（Lorenz Curve）和基尼系数（Gini Coefficient）等相对指标衡量。在此，笔者将重点研究国有企业投资房地产对行业集中度指数（CRn）的影响，从而分析国有企业投资房地产带来的市场集中度变化。

从全国范围来看，房地产企业市场集中度似乎并不高。据中国房地产TOP10研究小组计算，2013年中国前100强房地产企业全年实现销售总额25038.4亿元，销售面积为23425.6万平方米。以销售额来看，前100强房地产企业（CR100）2013年的市场份额达到30.7%，而综合实力前10位企业的市场份额（CR10）达到了12.0%（见图4-1）。这样的市场集中度按照贝恩（1942）的市场结构分类标准来看，根本达不到垄断的层次，而是属于原子型市场（见表4-1）。

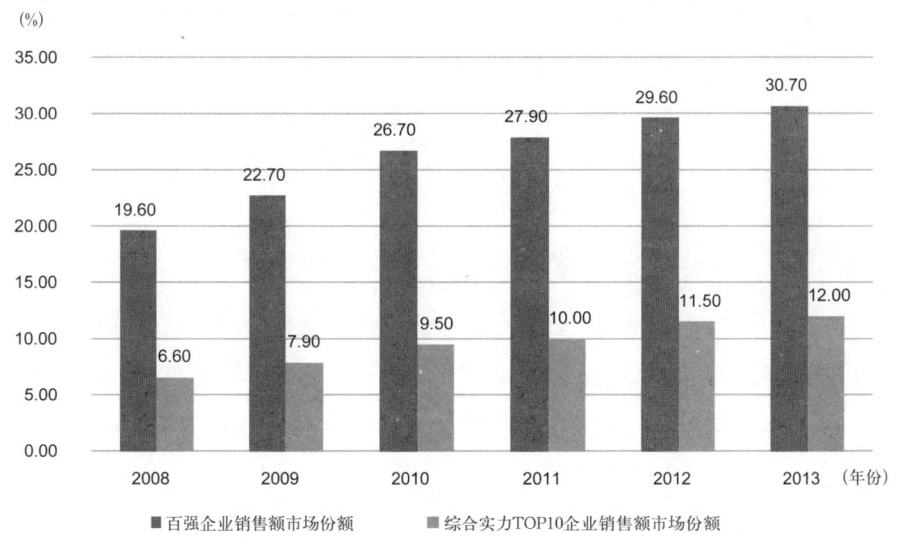

图4-1　前100强及TOP10房地产企业市场份额变化

资料来源：中国房地产TOP10研究小组。

表4-1　不同市场结构下的行业集中度

类型＼指标	集中度		
	CR4值（%）	CR8值（%）	该产业的企业总数
极高寡占型	75%≤CR4	—	20家以内
高度集中寡占型	65%≤CR4<75%	85%≤CR4	20~100家
中上集中寡占型	50%≤CR4<65%	75%≤CR4<85%	企业数较多
中下集中寡占型	35%≤CR4<50%	45%≤CR4<75%	企业数较多
低集中寡占型	30%≤CR4<35%	40%≤CR4<45%	企业数较多
原子型	CR4<30%	CR4<40%	企业数极多，不存在垄断现象

资料来源：Bain J. S.. Market Classifications in Modern Price Theory [M]. MIT Press, 1942.

按照这种标准来看，中国房地产市场中并不存在垄断问题，任何企业都并不具有影响市场的能力。然而，事实并非如此。虽然房地产企业数量众多，但消费者在市场交易中仍处于弱势。改革开放以来，尤其是1998年住房制度改革以来，中国房地产价格一路飙升。虽然按照西南财经大学中国家庭金融调查与研究中心发布的《城镇住房空置率及住房市场发展趋势》调研报告数据显示，2013年我国城镇住宅市场的空置率已经达到了22.4%，但大量房地产企业仍能维持较高的利润率水平，即使在形势十分低迷的2014年，企业平均净利润率仍能够达到14%，而在形势比较好的年份可能达到40%以上，远远高于制造业当前6%左右的平均利润率。这说明房地产企业虽然数量众多，但仍具有较强的市场实力。

事实上，之所以出现这种悖论，是因为房地产产品的特殊性造成的。房地产并非一种标准化的产品，不同地区的房屋并不能够相互替代，也无法在不同地区之间流通。换句话讲，房地产商在北京开发的房地产项目无法解决上海城镇居民的住房问题，城市郊区的房屋也无法对市中心的房屋形成完全替代。因此，房地产行业的市场集中度更应从地区分割市场来衡量。如果从地区分割市场来看，那么中国房地产行业的市场集中度将大大增加（见表4-2），甚至深圳等个别城市已经达到了寡占型市场结构。事实上，相比于一线大城市，很多中小城市房地产行业市场集中度更高，少数大的房地产商基本覆盖了全部的房地产市场。

表4-2 我国主要城市房地产行业CR4和CR8情况

单位：%

城市 \ 年份	2007		2008		2009	
	CR4	CR8	CR4	CR8	CR4	CR8
北京	15.06	23.69	12.74	21.79	12.67	20.49
上海	7.54	12.84	12.36	21.63	10.59	16.76
广州	15.78	24.49	13.56	22.95	20.31	35.32
深圳	20.75	31.48	27.52	42.48	22.18	34.94
天津	11.79	18.95	10.58	16.99	14.44	24.51
成都	14.15	22.45	16.75	24.80	12.71	20.47
杭州	9.74	15.20	21.78	33.10	13.43	18.41
南京	13.41	22.08	14.91	22.33	12.90	21.12
武汉	13.55	20.25	11.33	21.90	14.03	23.46
重庆	5.79	8.19	4.73	7.02	8.62	13.02
平均	12.76	19.96	14.63	23.71	14.19	23.53

资料来源：根据邓念（2010）数据计算。

国有企业投资房地产大大提高了房地产行业的市场集中度。国有房地产业平均规模远远大于私营房地产企业，而且很多规模在全国处于领先地位的房地产企业属于中央企业或者地方国有企业。例如，从144家沪、深两市上市房地产企业情况来看，2013年中央企业平均营业总收入达到了150.85亿元，远远高于地方国有企业的30.92亿元和私营企业的53.20亿元；平均利润总额达到了28.44亿元，远远高于地方国有企业的5.53亿元和私营企业的9.91亿元；10家中央企业贡献了所有144家上市房地产企业营业总收入的17.20%，利润总额的20.66%（见表4-3）。需要指出的是，上市的中央房地产企业规模远远大于上市的私营房地产企业，但上市的地方房地产国有企业的规模要小于上市的私营房地产企业。这一定程度上说明了，相比于私营房地产企业，地方国有企业能够获得更多的政治资源，从而在上市方面有着更加便利的条件。

表4-3 2013年沪、深两市不同股权性质房地产企业规模比较

指标 企业类型	企业数量	平均营业总收入（元）	营业总收入占比（%）	平均利润总额（元）	利润总额占比（%）
中央企业	10	15085216893.79	17.20	2843594877.10	20.66
地方国企	60	3091737083.05	36.58	553107704.04	25.41
私营企业	74	5319512475.93	46.22	991350695.97	53.92

资料来源：Wind数据库。

从上市房地产企业的市场集中度来看，沪、深两市营业收入规模最大的前四家上市房地产企业中，有两家为中央企业；营业收入规模最大的前十家上市房地产企业中，有四家为国有企业（见表4-4）。这说明了国有房地产企业，尤其是中央房地产企业，在规模上处于领先，从而有助于建立强大的市场地位。

表4-4 2013年沪、深两市房地产行业中营业收入规模最大的前十家企业

企业名称	企业类型	营业总收入（元）	利润总额（元）
万科	私营企业	135418791080.35	24291011249.30
保利地产	中央企业	92355524195.85	16101696528.55
金地集团	私营企业	34835841295.08	6311880410.93
招商地产	中央企业	32567813857.52	7967179495.23
华夏幸福	私营企业	21059753648.07	3585993197.70
金融街	地方国企	19882571993.12	4714081131.38
荣盛发展	私营企业	19170775359.91	4103537711.77
江苏新城	私营企业	16583969378.85	2204857213.19
金科股份	私营企业	16069615178.82	1267312775.68
首开股份	地方国企	13501339699.10	1909576788.24

注：在判断企业类型上，采用股权实际控制人为判断标准。
资料来源：Wind数据库。

如果从地区分割市场来看，国有房地产企业的这种优势地位将更为突出。很多地方国有房地产企业脱胎于地方融资平台，与地方政府有着十分紧密的政治关联。这些企业纷纷"跑马圈地"，在某些特定的分割市场中，市场份额不断扩大，市场势力不断提升。一些地方国有企业虽然规模并不大，但在市场规模较小的区域市场上却能够达到寡头垄断，甚至是垄断的地位。

二、对产品差异化水平的影响

产品差别（Products Differentiation）又称产品差异，是指同一行业市场内部不同企业提供的产品之间所具有的不完全替代性，或者某个企业的产品所具有的可以与同行业内其他企业产品区别开来的独特特点。产品差异化水平是决定市场结构的一个重要因素，企业在市场上独特地位的建立取决于能否成功实现自身产品的差异化。对企业来讲，如果产品是完全差异化的，那么也就意味着在市场上形成了垄断，形成了独特的竞争优势。产品差异化可以分为水平差异化（Horizontal Differentiation）和垂直差异化（Vertical Differentiation），其中水平差异化是生产出与竞争对手具有不同特性的产品，而垂直差异化是指企业生产出比竞争对手更好的产品。换句话讲，水平差异化更多是产品固有特性所形成的，而垂直差异化则更多是企业创新发展和技术进步的结果。

房地产产品天然具有异质性，而这种异质性也成了不同房地产开发企业形成自身竞争优势的基础。从水平差异化来看，房地产产品由于地域的固定性而形成了截然不同的产品。对消费者来讲，不同地区的房屋具有很大的差异性，相互之间并不能进行完全替代。由于不同城市之间的土地或同一城市不同地区之间的土地存在显著的级差地租，因此不同地区之间的房屋价值也存在巨大的差异。即使地面以上的房屋设施完全相同，但由于所处位置不同，诸如区位、交通、环境、购物、医疗设施、文化教育设施等条件不同，同样也会产生产品之间的巨大差异。房地产企业可充分利用这一差异，实现自身价值的最大化。从垂直差异来看，要想使一个房地产项目比其他房地产项目做得更优，关键在于房地产企业通过商业模式创新，为消费者提供更加优异和更具创新性的产品。目前，房地产行业的商业模式创新正加速实施。从土地创新来看，传统房地产开发行为是先拿地，再根据地块的实际情况设计房地产产品，而现代房地产开发更多是先考虑公司整体战略定位,再选择适合于自身的地块;从产品创新来看,传统房地产开发更多是适应顾客需求,而现代房地产开发更多是引导顾客需求;从技术创新来看,现代房地产开发越来越注重节能环保等新技术的应用;从营销手段创新来看,越来越多的房地产企业将营销活动外包,交由更加专业的公司去做;从组织创新来看,现代房地产开发越来越多地通过企业之间的合作来完成,这种合作既体现在资金等有形资源的合作,更体现在品牌等无形资产的合作。

国有企业投资房地产对房地产产品的水平差异化影响较小。水平差异化的形成更多来源于房地产产品自身蕴含的固有差异,因此无论是何种所有制,房地产企业对此进行投资和开发均不会产生实质性的改变。目前,中国很多城市中房地产产品的水平差异主要体现在房地产产品距离市中心位置的不同,而造成工作、生活便利性的不同。同时,大量的房地产企业进行开发投资时,又会促进一些区域的快速发展,使得过去的一些郊区地带变成了目前的市中心繁华地带。这种城市区域功能定位的改变既取决于政府的发展规划,也取决于开发商的自发投资行为。

国有企业投资房地产对房地产产品的垂直差异化影响较大。国有企业投资房地产不利于房地产产品垂直差异化的提高。垂直差异化的形成更多来源于房地产企业的商业模式创新和产品创新。费尔普斯(2013)认为,创新背后的深层动力在于制度的综合体——革新的动力、必要的能力、对新事物的宽容度以及有关的制度支持。吴延兵(2012)在对国有企业和民营企业效率进行比较分析后认为,相比于生产劳动效率损失,国有企业更大的损失是在于创新劳动效率。相比于民营企业来讲,国有企业在创新方面缺乏制度上的条件,因此在创新能力方面也存在一些欠缺。很多国有房地产企业,尤其是地方国有房地产企业脱胎于地方政府的平台公司,其根本职能在于为地方政府基础设施建设进行融资,并推动城市化建设。这些企业与政府关系十分密切,一方面能够从政府获得特殊的政治资源从而获得高额的垄断利润，另一方面又需要为实现政府的"民生意志"而丧失一定的经济效率。这部分国有房地产企业从根本上缺乏创新的内生动力，不利于提高房地产产品的垂直差异化。

三、对进出壁垒的影响

对于集中度和产品差异化的分析主要反映了市场中现有竞争的激烈程度，而对于进出壁垒的分析则考察了行业资本自由流动的情况，反映了行业潜在竞争的程度。所谓进入壁垒指的是行业中在位企业拥有的相对于进入企业的优势，从而使在位企业可以持续地将价格提高到最小平均生产和销售成本以上，而又没有引起新的企业进入该产业。所谓退出壁垒指的是现有企业在市场前景不好或者业绩不佳时，意欲退出该产业（市场）时，所面临的各种障碍和困难。贝恩认为，影响进出壁垒的因素主要包括规模经济壁垒、必要资本量壁垒、产品差异化壁垒、绝对费用壁垒（绝对成本优势）和政策法律制度壁垒五个方面。

房地产行业的一个重要特点就是资产流动性高，基本不存在很高的沉没成本，理论上进入和退出壁垒应相对较低。然而，事实上中国房地产业的进出壁垒确实存在，尤其是进入壁垒更为突出，而进入壁垒的存在很大程度上是因为体制机制上的原因，且国有资本投资房地产使得这种壁垒进一步加剧。具体来看，国有资本投资房地产加剧进出壁垒主要通过三个机制发挥作用，而这三种机制正是贝恩五种影响因素综合作用的结果。

一是土地获取机制。国有资本投资房地产行业加大了新进入企业获取土地资源的难度。对房地产企业来讲，土地是根本，没有土地就无法开展房地产开发活动。从表面来看，我国在房地产企业获取土地方面并没有设置特殊的壁垒，任何房地产企业均可以通过公开的土地"招拍挂"方式获取土地，并进行房地产开发经营。然而，如果对

国有企业投资房地产问题研究

土地"招拍挂"的实际运作方式进行分析，可以发现事实并非如此。国家政策要求的"招拍挂"的公示时间底线基本上是21天（除技术标招标），这意味着房地产开发企业务必在21天之内对此进行响应，然而房地产企业在拿地决策中需要了解和考虑的因素非常复杂，除了土地价格对未来成本的影响以外，还包括政府发展规划、地块本身的属性、周边的基础设施配套等，以及拿到土地以后如何对产品进行策划、市场定位和产品销售，而这一切在21天之内基本无法完成（邓念，2010）。这意味着只有那些与政府关系密切、能够提前从政府获取信息，并对政府未来发展思路非常清晰的房地产企业，才能够提前布局，在短时间之内做出正确的拿地决策。政府依赖自身在信息上的垄断地位，也主动给予与自身关系密切的房地产企业更多的照顾，使其在拿地方面有着更多的便利条件。目前来看，这种与政府关系密切的企业主要是国有房地产企业。政府对不同所有制企业的"亲疏有别"也造成了新进入的房地产企业面临着更高的进入壁垒。

二是资金规模机制。国有房地产企业更容易获取大量的银行贷款，从而对新进入的企业造成挤压。房地产行业是典型的资本密集型行业，充裕的资金是企业进行房地产项目开发的基本保障。对于新进入的企业来讲，如果无法获得足够多的资金，就无法开展房地产开发活动，因此资金规模成了重要的进入壁垒。为降低房地产开发项目的授信风险，保证房地产开发项目的顺利完工，中国人民银行和银监会均对房地产项目开发的自有资金比例有明确要求，各股份制商业银行也制定相应的房地产项目贷款政策[①]。经过一系列调整之后，目前保障

[①] 2003年的《中国人民银行关于进一步加强房地产信贷业务管理的通知》中规定："房地产开发企业申请银行贷款，其自有资金（指所有者权益）应不低于开发项目总投资的30%。"2006年《国务院办公厅转发建设部等部门关于调整住房供应结构—稳定住房价格意见的通知》中明确规定："为抑制房地产开发企业利用银行贷款囤积土地和房源，对项目资本金比例达不到35%等贷款条件的房地产企业，商业银行不得发放贷款。"2009年4月29日，国务院常务会议决定，对现行固定资产投资项目资本金比例进行调整，规定保障性住房和普通商品住房项目的最低资本金比例为20%，其他房地产开发项目的最低资本金比例为30%。

性住房和普通商品住房项目的最低资本金比例为20%，这意味着房地产项目开发中，可以有80%的资金来源于银行贷款。然而在获得贷款方面，国有房地产企业具有非常明显的优势。从沪、深两市的上市房地产企业来看，资产负债率最高的企业大部分都是国有企业，而且是地方国有企业（见表4-5）。大量的银行贷款发放给了国有房地产企业，这无疑会对民营房地产企业，尤其是新进入的民营房地产企业造成巨大挤压。新进入的民营房地产企业由于无法获得足够的贷款，无法顺利开展项目开发，从而形成了进入壁垒。

表4-5 2013年沪、深两市房地产行业资产负债率最高的前十家企业

证券简称	资产负债率（%）	股权实际控制人
鲁商置业	92.58	山东省人民政府国有资产监督管理委员会
天津松江	91.36	天津市国有资产监督管理委员会
京投银泰	90.58	北京市国有资产监督管理委员会
中天城投	89.98	罗玉平
珠江控股	89.66	北京市国有资产监督管理委员会
东湖高新	87.31	湖北省人民政府国有资产监督管理委员会
阳光城	86.86	吴洁
华夏幸福	86.56	王文学
西藏城投	85.89	上海市闸北区国有资产监督管理委员会
泰禾集团	85.74	黄其森

资料来源：Wind数据库。

三是企业资质机制。国有房地产企业往往在资质认定方面具有更便利的条件，间接增加了新进入企业获取资质认定的难度。2000年3月，我国建设部发布了《房地产开发企业资质管理规定》，规定房地产企业需要取得开发资质等级认定，未取得房地产开发资质等级证书（以下简称资质证书）的企业，不得从事房地产开发经营业务。对于资质认定的一个重要条件就是经营年限，其中必须要从事房地产开发经营5年以上才可能获得一级资质，必须要从事房地产开发经营3年以上才可能获得二级资质，必须要从事房地产开发经营2年以上才可能获得三级资质，

必须要从事房地产开发经营1年以上才可能获得四级资质。其他认定条件还包括注册资本，累计建筑面积，建筑工程质量合格率，有职称的建筑、结构、财务、房地产及有关经济类的专业管理人员数量，工程技术、财务等业务负责人的职称，完善的质量保证体系，以及未发生重大工程质量事故等。资质认定类似于经济学中的"许可证制度"，无疑会对新进入企业构成进入壁垒。而且，在现实中国有房地产企业往往更容易取得资质，从而对新进入的民营企业造成挤压。

第二节 国有企业投资房地产对市场行为的影响

市场行为是指企业在特定的市场结构中，为实现自身的经营目标而采取的战略性行动。一方面市场结构影响甚至决定市场行为，企业必须针对自身所处市场结构的特点，采取适应性的行为方式才能形成竞争优势；另一方面市场行为又影响甚至重新塑造市场结构，市场结构在很大程度上是市场行为相互作用的结果。一般来讲，市场行为可以分为两个部分：一是价格竞争行为，主要分析企业如何通过制定合理的价格，形成自身的竞争优势，获取尽可能多的利润；二是非价格竞争行为，主要分析企业如何通过价格竞争以外的手段，建立并强化自身的竞争优势。对企业来讲，价格竞争和非价格竞争往往是相互配合、相辅相成的，是企业竞争战略的综合体，共同成为一种对市场结构的响应。

正如前文所言，房地产行业的市场结构在市场集中度、产品差异化和进出壁垒等方面具有自身独特的特点。在这种情况下，房地产企业在自身的价格竞争和非价格竞争战略上也形成了自身独特的行为方式。对于市场行为的研究，大家广泛采用古诺产量竞争模型、伯川德价格竞争模型、斯特尔伯格双头垄断模型、豪泰林线性空间模型和萨洛普环形空间模型等经典模型。有的学者（James D.Shining、Tien Foo Sing，2006）也专门针对了房地产行业特点，将伯川德价格竞争

第四章 国有企业投资房地产对产业组织的影响

模型和豪泰林线性空间模型结合起来,解释美国房地产行业出现寡头垄断的原因。笔者将在对上面众多研究进行借鉴的基础上,提出中国房地产企业的市场行为模型,并以此为基础分析国有资本投资房地产行业会对房地产行业市场行为造成哪些影响。

一、房地产企业市场行为模型

1. 模型假设

为建立模型,做出以下假设:

在同一区域内有两家房地产企业:A企业和B企业,其中A企业为国有企业,B企业为私营企业,这两家房地产企业各自开发不同的房地产项目。

消费者具有完全信息,能够对产品的差异化进行充分认识,且A企业和B企业在产品销售上不设置任何障碍,消费者可以根据价格自由选择购买何种商品。

A企业和B企业产品的单位成本是固定的,并不随着产量规模的变化而变化,也就是不存在规模经济效应。

无论是A企业还是B企业,均有足够的生产能力,能够满足市场需求,不存在生产能力不足的问题。

2. 模型设定

在这些假设条件下,建立以下模型:

$$D = a - b * p \quad (4-1)$$

$$D_i(p_i, p_j) = a_i - b_i * p_i + \Delta D * (p_j - p_i) \quad (4-2)$$

$$D_j(p_i, p_j) = a_j - b_j * p_j + \Delta D * (p_i - p_j) \quad (4-3)$$

$$D = D_i + D_j \quad (4-4)$$

其中，D代表消费者的总体需求函数；D_i(p_i, p_j)代表消费者对A企业产品的需求函数；D_j(p_i, p_j)代表消费者对B企业产品的需求函数；p_i代表A企业产品的定价；p_j代表B企业产品的定价；a、a_i、a_j、b、b_i、b_j均为需求函数的常数项或系数；ΔD代表A企业和B企业之间的价格替代弹性。

根据上述公式，进一步推算A企业和B企业的盈利情况分别如式（4-5）和式（4-6）所示：

$$\pi_i = D_i(p_i, p_j) * (p_i - c_i) = [a_i - b_i * p_i + \Delta D * (p_j - p_i)] * (p_i - c_i) \quad (4-5)$$

$$\pi_j = D_j(p_i, p_j) * (p_j - c_j) = [a_j - b_j * p_j + \Delta D * (p_i - p_j)] * (p_j - c_j) \quad (4-6)$$

其中，π_i代表A企业的盈利情况，π_j代表B企业的盈利情况；c_i代表A企业的单位产品成本，c_j代表B企业的单位产品成本。

3. 模型分析

公式（4-5）和公式（4-6）反映了A企业和B企业的盈利水平。按照公式，企业的盈利水平将主要受到自身价格以及消费者产品需求两个主要因素影响。对于企业来讲，主要可以从价格竞争和非价格竞争两个角度实现自身的盈利最大化。在此，笔者将设定五种不同情景，对A企业和B企业的竞争结果进行分析。事实上，从情景一到情景四过渡的过程，也是不断放松假设，使模型更加贴近现实的过程。

情景一：如果A企业和B企业的成本无差异；市场中不存在进出壁垒，企业可以无成本地自由进入或退出；A企业和B企业的产品无差异，A企业的产品和B企业的产品对消费者来讲没有任何区别。

在这种情景下，A企业和B企业均面临着一个充分竞争的市场。当任何一家企业企图针对整个市场需求规模，将自身价格定于实现自身利润最大的均衡价格上，那么另外一家企业就能够以略低的价格获取所有的市场需求，从而使其利润水平降为0。

第四章 国有企业投资房地产对产业组织的影响

对A企业来讲,如果价格p_i低于B企业价格p_j将获得所有市场需求;如果价格p_i高于B企业价格p_j,将丧失所有市场需求;如果价格p_i与B企业价格p_j相同,则可以与B企业均匀分摊市场需求。因此,A企业面临的市场需求函数和利润函数分别如式(4-7)和式(4-8)所示:

$$D_i(p_i,p_j)=\begin{cases} a-b*p_i & \text{如果 } p_i<p_j \\ (a-b*p_i)/2 & \text{如果 } p_i=p_j \\ 0 & \text{如果 } p_i>p_j \end{cases} \quad (4-7)$$

$$\pi_i(p_i,p_j)=\begin{cases} (a-b*p_i)*(p_i-c_i) & \text{如果 } p_i<p_j \\ (a-b*p_i)*(p_i-c_i)/2 & \text{如果 } p_i=p_j \\ 0 & \text{如果 } p_i>p_j \end{cases} \quad (4-8)$$

对B企业来讲,同样如此。如果价格p_j低于A企业价格p_i将获得所有市场需求,如果价格p_j高于A企业价格p_i,将丧失所有市场需求,如果价格p_j与A企业价格p_i相同,则可以与A企业均匀分摊市场需求。因此,B企业面临的市场需求函数和利润函数分别如式(4-9)和式(4-10)所示:

$$D_j(p_i,p_j)=\begin{cases} a-b*p_j & \text{如果 } p_j<p_i \\ (a-b*p_j)/2 & \text{如果 } p_j=p_i \\ 0 & \text{如果 } p_j>p_i \end{cases} \quad (4-9)$$

$$\pi_j(p_i,p_j)=\begin{cases} (a-b*p_j)*(p_j-c_j) & \text{如果 } p_j<p_i \\ (a-b*p_j)*(p_j-c_j)/2 & \text{如果 } p_j=p_i \\ 0 & \text{如果 } p_j>p_i \end{cases} \quad (4-10)$$

此时，虽然只有两家企业，但任何一家企业都无法获得垄断利润。双方竞争的结果就是A企业和B企业之间会重复无限次下去，直到占优均衡的出现：$p_i=p_j$。在这样的均衡条件下，市场需求会均衡分布在A企业和B企业之间，而两家企业均获取平均利润率。这一结果符合伯川德价格竞争模型的结论。

情景二：如果A企业和B企业的成本存在差异，国有企业A的成本要低于民营企业B；市场中不存在进出壁垒，企业可以无成本地自由进入或退出；A企业和B企业的产品无差异，A企业的产品和B企业的产品对消费者来讲没有任何的区别。

在这种情景下，A企业和B企业仍然面临着一个充分竞争的市场，但是一种不公平竞争。国有企业能够依赖于自身的特殊政治资源获取民营企业无法获取的成本优势。由于A企业已经可以满足市场所有的需求，因此B企业根本无法获得生存空间。只能在竞争中被淘汰，市场上将只剩下一家企业，也就是A企业。由于市场不存在进出壁垒，企业也不存在沉没成本，那么，B企业可以随时进入市场从而对A企业形成有效竞争。A企业考虑B企业的进入威胁，会将价格制定在B企业的成本水平，也就是$p_i=c_j$，从而形成市场均衡。

对于A企业来讲，如果价格p_i低于B企业的成本c_j，意味着B企业无法生存，所以将获得所有市场需求；如果价格p_i高于B企业的成本c_j，那么B企业将会调整自身价格使得$p_j=p_i$，A企业和B企业将分摊市场需求；如果价格p_i高于B企业的价格p_j，将丧失所有市场需求。因此，A企业面临的市场需求函数和利润函数分别如式（4-11）和式（4-12）所示：

$$D_i(p_i,p_j) = \begin{cases} a-b*p_i & \text{如果 } p_i < c_j \\ (a-b*p_i)/2 & \text{如果 } c_j < p_i = p_j \\ 0 & \text{如果 } p_i > p_j \end{cases} \quad (4-11)$$

第四章　国有企业投资房地产对产业组织的影响

$$\pi_i(p_i, p_j) = \begin{cases} (a-b*p_i)*(p_i-c_i) & \text{如果 } p_i < c_j \\ (a-b*p_i)*(p_i-c_i)/2 & \text{如果 } p_i = p_j \\ 0 & \text{如果 } p_i > p_j \end{cases} \quad (4-12)$$

对于B企业来讲，只有在A企业将价格p_i定在高于自身成本c_j的情况下，才会进入市场，且面临的形势与情景一基本相同。如果价格p_j低于A企业价格p_i将获得所有市场需求；如果价格p_j高于A企业价格p_i，将丧失所有市场需求；如果价格p_j与A企业价格p_i相同，则可以与A企业均匀分摊市场需求。因此，B企业面临的市场需求函数和利润函数分别如式（4-13）和式（4-14）所示：

$$D_j(p_i, p_j) = \begin{cases} a-b*p_j & \text{如果 } p_j < p_i \\ (a-b*p_j)/2 & \text{如果 } p_j = p_i \\ 0 & \text{如果 } p_j > p_i \end{cases} \quad (4-13)$$

$$\pi_j(p_i, p_j) = \begin{cases} (a-b*p_j)*(p_j-c_j) & \text{如果 } p_j < p_i \\ (a-b*p_j)*(p_j-c_j)/2 & \text{如果 } p_j = p_i \\ 0 & \text{如果 } p_j > p_i \end{cases} \quad (4-14)$$

此时，A企业与B企业的竞争结果是形成不公平的有效竞争市场。A企业有能力满足所有的市场需求，所以有很强的动机将B企业挤出市场。为将B企业挤出市场，A企业的理性选择是将价格定在B企业的成本水平上，也就是$p_i=c_j$，从而能够独占整个市场。B企业随时可能进入市场参与竞争，因此A企业不具有制定垄断价格的能力。这种局面将成为情景二的占优均衡。

情景三：如果A企业和B企业的成本存在差异，国有企业A的成本要低于民营企业B;市场中存在进出壁垒,企业因为规模经济、沉没成本、政策法律制度等因素的影响无法自由进入和退出产业;A企业和B企业的产品无差异,A企业的产品和B企业的产品对消费者来讲没有任何的区别。

在这种情景下,A企业和B企业面临的不再是充分竞争市场,企业的成本差异以及行业的进出壁垒使得市场趋向于垄断市场。由于A企业具有绝对的成本优势,能够在B企业亏损的同时依然保持盈利,这就对B企业形成了可信的惩罚性威胁。对于B企业来讲,退出市场是最为理性的选择。在B企业退出以后,A企业将形成垄断,通过制定远远高于成本的垄断价格,即$p_i=P$①,从而获取高额的垄断利润。虽然垄断价格P可能会远远高于B企业的成本c_j,但是由于B企业担心自己进入市场后,A企业采取降价来实行报复性惩罚,而失去前期投入的沉没成本,因此无法对A企业形成有效竞争。A企业将成为市场中的唯一企业,其面临的市场需求函数和利润函数将分别如式(4-15)和式(4-16)所示:

$$D_i(p_i)=D=a-b*P \qquad (4-15)$$

$$\pi_i=(a-b*P)*(P-c_i) \qquad (4-16)$$

此时,A企业和B企业竞争的结果是使整个市场变为完全垄断市场。整个市场上只剩下国有企业A一家企业,A企业有足够的市场势力,将价格维持在垄断价格水平,其他企业由于受到可信的惩罚性威胁,会选择不进入该市场,整个行业的技术进步和效率改善也会因为缺乏动力而变得缓慢甚至停滞,整个社会面临着较大的福利损失,而这种局面也将成为情景三的占优均衡。

情景四:如果A企业和B企业的成本存在差异,国有企业A的成本要低于民营企业B;市场中存在进出壁垒,企业因为规模经济、沉没成

---

① 在足够的市场规模空间下,垄断价格为企业边际收入与边际成本相等的那一点上。

第四章 国有企业投资房地产对产业组织的影响

本、政策法律制度等因素影响无法自由进入和退出产业；A企业和B企业的产品存在差异，产品的水平差异和垂直差异使得消费者在市场上面临着更多的选择。

这种情景下，虽然A企业仍具有成本优势，但由于产品具有一定的差异化，因此A企业和B企业均具有一定的市场势力。无论是A企业还是B企业，都无法通过降价使对方的顾客数量变为0。企业可以通过价格策略和非价格策略两种手段进行竞争。通过价格策略可以吸引双方的"共同顾客"，更多体现为一种"零和博弈"，而非价格策略则更多的是挖掘新的顾客群体，体现为一种"共赢博弈"。

对A企业来讲，如果将价格p_i定得过高，不仅会导致总体市场需求减少，同时也会出现一部分"共同顾客"被B企业所获得，因此为获得利润最大化，将倾向于在B企业成本c_j和垄断价格P之间选择一个定价。A企业面临的需求函数和利润函数将分别如式（4-17）和式（4-18）所示：

$$D_i(p_i,p_j) = a_i - b_i*p_i + \Delta D*(p_j - p_i) \tag{4-17}$$

$$\pi_i = D_i(p_i,p_j)*(p_i - c_i) = [a_i - b_i*p_i + \Delta D*(p_j - p_i)]*(p_i - c_i) \tag{4-18}$$

对B企业来讲，由于成本要高于A企业，为避免因其与A企业之间的"价格战"，因此将选择把价格定于等于或高于A企业的水平，即$p_j \geq p_i$。B企业面临的需求函数和利润函数将分别如式（4-19）和式（4-20）所示：

$$D_j(p_i,p_j) = a_j - b_j*p_j + \Delta D*(p_i - p_j) \tag{4-19}$$

$$\pi_j = D_j(p_i,p_j)*(p_j - c_j) = [a_j - b_j*p_j + \Delta D*(p_i - p_j)]*(p_j - c_j) \tag{4-20}$$

此时，A企业和B企业竞争的结果是形成一个垄断竞争市场。在这个市场上，双方都有定价权，但A企业的定价权更大，而B企业更倾向

国有企业投资房地产问题研究

于成为一个价格接受者。为维持平衡,双方将避免进行大规模的价格竞争,而是将价格维持在一定水平上,同时进行更多的非价格竞争。在非价格竞争上,A企业和B企业是站在同一起跑线上。B企业将具有更大的动力通过非价格竞争挖掘潜在需求,从而抵消A企业的成本优势。这种局面将成为情景四的占优均衡。

总体来看,情景一到情景四分别代表了在不同情景下,国有企业A和民营企业B竞争所形成的四种占优均衡(见表4-6),而这四种不同的占优均衡将带来截然不同的市场绩效。

表4-6 四种情景下企业竞争的占优均衡

情景	占优均衡
情景一	完全竞争:市场需求会均衡分布在A企业和B企业之间,而两家企业均获取平均利润率
情景二	不公平的有效竞争:A企业将价格定在B企业的成本水平上,独占整个市场,B企业随时可能进入市场参与竞争,对A企业构成潜在竞争
情景三	完全垄断市场:A企业有足够的市场势力,将价格维持在垄断价格水平,整个社会面临着较大的福利损失
情景四	垄断竞争市场:双方都有定价权,但A企业的定价权更大,B企业更倾向于成为一个价格接受者;B企业将具有更大的动力通过非价格竞争挖掘潜在需求,从而抵消A企业的成本优势

二、国有企业投资房地产对价格竞争的影响

根据房地产企业市场行为模型可知,国有企业投资房地产能够对企业之间的价格竞争行为产生重要影响。国有企业投资房地产往往意味着企业能够从国家获取更多的资源,从而以更低的成本参与竞争。国有企业的这种成本优势主要形成于三个方面。一是土地成本优势。虽然表面上国有企业和民营企业在获取土地上并没有太大差异,都是通过"招拍挂"制度在市场上公开购买土地。然而,正如前文所言,国有企业由于与政府有着更为密切的关系,因此在信息获取等方面具有明显优势,因此能够更好地进行提前布局,做出更为充分的准备,从而降低整体的拿地成本。二是融资优势。正如前文所述,国有企业

第四章 国有企业投资房地产对产业组织的影响

在银行贷款等方面享受了比民营企业更多的优惠条件，因此在资金成本上低于民营企业。三是隐性优势。国有企业还享有一些"隐性补贴"（吴延兵，2012），进一步降低了国有企业的经营成本。

成本差异将使得房地产企业在进行价格竞争时面临着不平等的起点，以至于打乱了市场秩序。价格竞争是企业不断改善自身经营管理效率、提高自身技术水平的重要动力。如果企业能够通过技术进步、经营管理效率提升从而实现成本降低，进而在市场上形成优势地位，获取超额利润，那么这种行为应当得到支持和鼓励，因此其促进了整个社会的进步，也带来了整个社会福利水平的提升；如果企业是通过不平等的起点，以国家补贴的方式形成了成本优势，那么将会带来整个竞争机制的无效率，企业之间无法通过竞争实现效率的改进，整个社会福利水平也将面临较大的损失。从情景一、情景二和情景三的比较来看，其他条件都没有发生变化，仅仅是由"成本无差异"假设转向"成本有差异"假设，结果就发生了截然不同的变化，如果再加上"市场存在进出壁垒"的条件，那么整个市场就从完全竞争市场转变为垄断市场，这说明国有企业投资房地产对整个房地产行业的竞争秩序造成巨大的影响。

国有企业投资房地产是当前房地产市场价格高居不下的重要原因。我国房地产市场存在一个看似违背经济学规律的状况，那就是"高空置率和高价格并存"。"高空置率"说明房地产市场总体上是供大于求的[①]，而依照经济学规律，那么房地产价格应当下降，房地产企业的利润率水平应当降低。但事实并非如此，房地产价格仍高居不下，房地产企业利润率水平仍远远高于制造业整体水平。造成"高空置率和高价格并存"的原因，在很大程度上是市场竞争机制的失灵。市场上存在国有企业和民营企业两种不同所有制的企业，而这两种类

---

① 很多学者认为房地产市场需求可以分为消费需求和投资需求两种，而"高空置率"只能说明投资需求高涨，因此并不代表房地产市场供大于求。笔者认为，投资需求最终还是要转化为消费需求，如果消费需求不足，投资需求也将下降。因此，高空置率可以反映出房地产市场总体上供大于求的状况。

型企业存在成本上的差异。对于国有企业来讲，自身有着成本优势，因此具备通过打"价格战"，对整个房地产行业进行重新洗牌的能力，但由于企业领导的"任期制"，国有企业的经营管理者并没有通过行业整合提升长期企业价值的动力，因此不会采取大幅度的降价行为；对民营企业来讲，虽然有动力对行业进行整合，提高自身的市场地位和长期价值，但由于成本劣势，并不具备这种能力，而且也担心自身的降价行为招致国有企业"报复"，因此也不会采取大幅度的降价行为。

三、国有企业投资房地产对非价格竞争的影响

根据房地产企业市场行为模型可知，国有企业投资房地产同样能够对企业之间的非价格竞争行为产生重要影响。情景一、情景二和情景三均是在"产品无差异"的假设之下，在这种情况下，由于国有企业存在成本优势，民营企业基本上处于十分弱势的地位。除了情景一中，民营企业能够获取平均利润以外，在情景二和情景三中，民营企业基本无法生存。然而当情景四改为"产品有差异"的假设以后，民营企业的处境发生了根本性的改变。民营企业可以通过提高产品差异化水平挖掘潜在客户，与国有企业形成竞争。对民营企业来讲，提高产品差异化水平，从而提高自身的市场势力，几乎是提升竞争力的唯一途径。

国有企业投资房地产使得房地产企业之间的竞争转向以非价格竞争的方式为主。正如上文所述，国有企业的成本优势导致房地产企业之间尽量避免进行价格竞争，在这种情况下的企业，尤其是民营企业，为获得更多的利润，将主要依靠提高自身的产品差异化水平，从而挖掘更多的潜在客户。相比之下，国有企业由于存在成本上的优势，企业绩效相对较好，因此在提高产品差异化等方面缺乏足够的动力。以非价格竞争为主是我国当前房地产市场的重要表现。在"高空

置率和高价格并存"的状况下，房地产企业之间并不是采取价格竞争的方式实现供需平衡的，而是更多地采用了非价格竞争的手段，提高自身的市场势力。造成这个情况的原因，很大程度上是国有企业投资房地产的结果。

第三节　国有企业投资房地产对市场绩效的影响

产业组织经济学中，市场绩效反映的不仅仅是企业层次上的经济成果，而是产业和整个国民经济层次上的经济成果，因此市场绩效最主要的检验指标应当是社会福利，而不是产业内具体企业的利润或销售额等经济成果（陆奇斌等，2004）。这一部分，笔者将从社会福利和房地产行业可持续发展两个角度，对国有企业投资房地产带来的影响进行研究。

一、国有企业投资房地产对社会福利的影响

地方政府以相互竞赛的方式直接参与经济活动，是中国经济发展模式的重要特征，而国有企业对房地产行业的投资成为了这一发展模式的核心。对很多地方来讲，要想引进外来投资，推动经济增长，提高人民群众生活水平，推进城市化建设，就必须要跨越式地实现基础设施的完善，而这就需要大量的房地产投资。然而，地方政府作为政府部门，必须要通过一种市场化的媒介，才能够更合理和更有效地参与市场活动，而国有房地产企业在很大程度上承担了这一角色。事实上，很多的地方国有房地产企业都是地方平台公司转变而来的，其根本使命就是为政府加大基础建设投资提供便利。对地方政府来讲，如果没有这些国有房地产企业，那么在融资、技术设施投资等方面都会面临很大的约束。

地方国有企业确实不辱使命，为地方经济发展做出了巨大的贡献。正因为国有房地产企业的存在，中国在短短的几十年的时间里，完成了西方国家上百年才完成的基础设施建设。换句话讲，如果没有国有企业投资房地产，中国就不可能在这么短的时间里取得如此大的经济发展成就。当然，随着中国房地产行业的发展，越来越多的民营房地产企业投身于各地的基础设施投资，同样做出了巨大贡献，而且国家为控制地方政府的债务风险，在基础设施投资方面越来越鼓励政府部门通过PPP等模式与民营资本合作。很多民营企业，例如大连万达、华夏幸福基业等，纷纷创新商业模式，为地方政府投资基础设施建设，并通过税收分成等方式获得投资收益。然而，如果从全局的眼光和历史的眼光来看，地方国有企业在促进各地经济社会发展方面功不可没。

国有企业投资房地产带来了多重社会福利损失。正如前文所述，由于国有企业和民营企业在成本上的差异，使得双方处于不公平的竞争地位，以至于扰乱了竞争秩序，一定程度上推动了中国房地产市场上"高空置率和高价格并存"的状况。具体来看，国有企业投资房地产带来的社会福利损失主要包括以下三个方面。一是高空置率带来的社会福利损失。有统计数据表明，目前在北京、上海、深圳三地，很多楼盘空置率达50%以上。按照国际通行惯例，商品房空置率在5%~10%为合理区，空置率在10%~20%为空置危险区，空置率在20%以上则意味着商品房严重积压。如此高的房屋空置率意味着生产出来的大量产品没有得到充分利用，从而造成了资源的浪费，带来了社会福利损失。二是高房价带来的社会福利损失。据统计，目前北京、上海、深圳等地区的房价收入比大概为27∶1，这一数据超出国际平均水平5倍。高房价能够带来已购房者的财富增加，产生正向的财富效应，但更重要的是，会造成未购房者生活压力加大，带来负向的支出效应。有房者因为财富增加所获得的福利提高是以无房者的福利减少为前提的，并且给更多的无房者造成心理满足感的下降，加之实际收入的增加经常慢于房价的增长，无房者的消费需求受到抑制，获得的房产福利也趋于减少（高开仙、莫申生，2010）。Bajari、Benkard和Krainer基于希克斯财富补偿原理建立了可用货币衡量的社会福利净损失核算模型，指出1984～1998年美国房价上涨给每户居民带来的年均福利损失约为127美元。三是高房价带来了很多社会问题。房地产价格的高速增长意味着后来购房者要比前期购房者多支付巨额的额外成本，而过去的一些有房者则可以坐享其成，这事实上是一种不合理的社会资源配置方式，会带来人民对社会认可度和幸福感的下降，从而造成整个社会的不稳定。

二、国有企业投资房地产对行业可持续发展的影响

国有企业投资房地产对于房地产行业规模的迅速扩大起到了重要作用。1998年，国务院发布了《国务院关于进一步深化城镇住房制度改革—加快住房建设的通知》（国发［1998］23号），中国房地产行业进入了加速发展阶段。对房地产行业的发展，各地政府均表现出了极大热情。很多地方政府在看到房地产行业存在的巨大利润空间以后，抱着"肥水不流外人田"的心理，直接投资建立房地产国有企业。尤其是房地产行业出现了大繁荣之后，很多国有企业转向房地产行业。很多国有企业虽然主营业务并非房地产，在统计上属于制造业或其他行业，但却将大量的资源投入到了房地产行业当中。因此，从历史的视角来看，国有企业投资房地产确实为房地产行业的发展注入了大量的资源，形成了很多有竞争力的大型房地产企业，从而促进了行业的跨越式发展。

国有企业投资房地产不利于房地产行业的可持续发展。虽然房地产行业对中国经济社会发展做出了巨大的贡献，但却并非自然垄断行业，或有必要由国家进行直接经营的行业。相反，房地产行业进入门槛相对较低，开发和销售活动均可以采用市场机制运作。对于这种行业，国有资本的直接进入甚至起主导作用，会对整个行业发展产生不

利影响。一是对竞争机制的破坏。国有企业进入竞争型行业，将不可避免地会对行业的竞争机制造成破坏，国有企业投资房地产行业同样如此。正如前文所言，国有企业能够获得来自政府的各种补贴，而这种补贴不利于行业的资源有效配置，造成了中国房地产市场上"高空置率和高价格并存"的状况。二是不利于行业的技术进步。持续的技术进步是一个行业发展的内生动力。如果一个行业没有技术进步，那就称不上是发展，只能算得上是规模扩张。前文通过模型论证认为，国有企业投资房地产可能会压抑国有房地产企业提高产品差异化的动力，但却有利于推动民营房地产企业产品的差异化发展。然而，产品差异化并不等同于技术进步，技术进步需要企业进行持续、长期的投入，从而带来了企业价值创造能力的提升。在缺乏公平竞争机制的情况下，民营房地产企业虽然具有提高产品差异化的动力，但却不具备长期技术投入的动力和能力，因此并不能带来技术进步。三是不利于房地产企业的国际化。国际化通常是一个行业发展到一定阶段的必然产物，房地产行业也不例外。目前，随着中国房地产行业竞争的日益激烈，大型房地产企业"走出去"到国外进行投资已经成为了必然选择。然而，国有企业投资房地产行业并不利于企业的国际化。对国有房地产企业来讲，受体制机制上的限制，企业"走出去"面临着很多障碍，而且很多国家都限制国有企业的经营活动，尤其是对一些并购行为的限制更多。对民营房地产企业来讲，由于缺乏在国内市场上的实力和经验的积累，在海外经营上也会面临较多的困难。中国房地产行业"走出去"从根本上需要依赖于民营房地产企业，但目前民营房地产企业却没有机会在公平的市场竞争环境中积累经验和发展壮大。

第五章　国有企业投资房地产对宏观经济的影响

房地产行业是我国国民经济的支柱产业，对国民经济增长具有重要的拉动作用。本章将分析房地产投资，尤其是国有企业投资房地产对宏观经济带来的影响。其中，第一节重点分析国有企业投资房地产对宏观经济增长的拉动作用；第二节重点分析国有企业投资房地产对宏观经济结构的影响；第三节重点分析房地产行业的发展，尤其是国有企业投资房地产在国家宏观经济调控中所能起到的作用。

第一节　国有企业投资房地产对中国经济增长的拉动

国有房地产企业是我国房地产行业的重要组成部分，能够对宏观经济增长造成深远影响。不仅通过投资对宏观经济增长形成直接拉动作用，而且能够通过带动效应、挤出效应以及其他作用机制对宏观经济造成综合影响。

一、房地产行业在宏观经济中的地位

房地产行业在我国经济系统中占据重要地位，房地产行业的各项指标均在国民经济体系中占据重要地位。其中，房地产行业增加值是GDP

的重要组成部分，房地产开发投资是城镇固定资产投资的重要组成部分，商品房销售额占GDP的比重较高。1997~2014年，房地产行业增加值平均值为14507.61亿元，占GDP的平均比重为5.36%；房地产开发投资本年完成额平均值为30239.00亿元，占全社会固定资产投资完成额的平均比重为18.27%；商品房销售额平均值为28425.76亿元，占GDP的平均比重为10.51%。其中，2014年，房地产行业增加值为38166.00亿元，占GDP比重为6.00%；房地产开发投资本年完成额为95035.61亿元，占全社会固定资产投资完成额的比重为18.53%；商品房销售额平均值为76292.41亿元，占GDP比重为11.99%（见表5-1）。

表5-1 房地产行业主要指标与宏观经济指标的对比

指标 年份	房地产行业增加值		房地产开发投资		商品房销售	
	增加值 （亿元）	占GDP比重（%）	本年完成额 （亿元）	占全社会固定资产投资完成额比重（%）	销售额 （亿元）	占GDP比重（%）
1997	2921.10	3.68	3178.37	12.74	1799.48	2.27
1998	3434.50	4.05	3614.23	12.72	2513.30	2.96
1999	3681.80	4.08	4103.20	13.74	2987.87	3.31
2000	4149.10	4.16	4984.05	15.14	3935.44	3.94
2001	4715.10	4.28	6344.11	17.05	4862.75	4.41
2002	5346.40	4.42	7790.92	17.91	6032.34	4.99
2003	6172.70	4.52	10153.80	18.27	7955.66	5.83
2004	7174.10	4.46	13158.25	18.67	10375.71	6.46
2005	8516.40	4.58	15909.25	17.92	17576.13	9.45
2006	10370.50	4.76	19422.92	17.66	20825.96	9.57
2007	13809.70	5.15	25288.84	18.42	29889.12	11.15
2008	14738.70	4.65	31203.19	18.05	25068.18	7.91
2009	18966.90	5.49	36241.81	16.14	44355.17	12.83
2010	23569.90	5.76	48259.40	17.35	52721.24	12.89
2011	28167.60	5.82	61796.89	19.34	58588.86	12.10
2012	31248.30	5.85	71803.79	19.16	64455.79	12.07
2013	35987.60	6.12	86013.38	19.27	81428.28	13.85
2014	38166.60	6.00	95035.61	18.53	76292.41	11.99
平均	14507.61	5.36	30239.00	18.27	28425.76	10.51

资料来源：笔者根据国家统计局数据计算。

（1）房地产行业增加值占GDP和第三产业增加值的比重较高。房

第五章　国有企业投资房地产对宏观经济的影响

地产行业是改革开放以后逐步发展壮大的产业。改革开放以前，我国处于计划经济体制下，政府将土地无偿划拨给建筑企业使用，分配给建设用地者无偿、不限期地使用，当时的城市土地制度具有"三无"特征，即无偿划拨、无限期使用和无流转。这一阶段，房地产行业规模较小，且没有采用市场化的运作方式，因此难以称得上是真正意义上的产业。改革开放以后，国家逐步明确了向城市土地使用者征收土地使用费的问题。房地产行业开始逐步形成，但规模仍然较小，一直到1992年以前，房地产行业增加值规模不足GDP的4%。1992年以后，中共十四届三中全会正式将土地使用制度改革确定为我国经济体制改革的重要组成部分，房地产行业稳步发展。1998年以后，国务院发布《关于进一步深化城镇住房制度改革—加快住房建设的通知》，宣布从当年下半年开始全面停止住房实物分配，实行住房分配货币化，房地产行业进入加快发展阶段，房地产行业增加值占GDP的比重出现逐年上升的趋势。目前，房地产行业增加值占GDP的比重达到了6%以上，占第三产业增加值比重超过12%（见图5-1）。

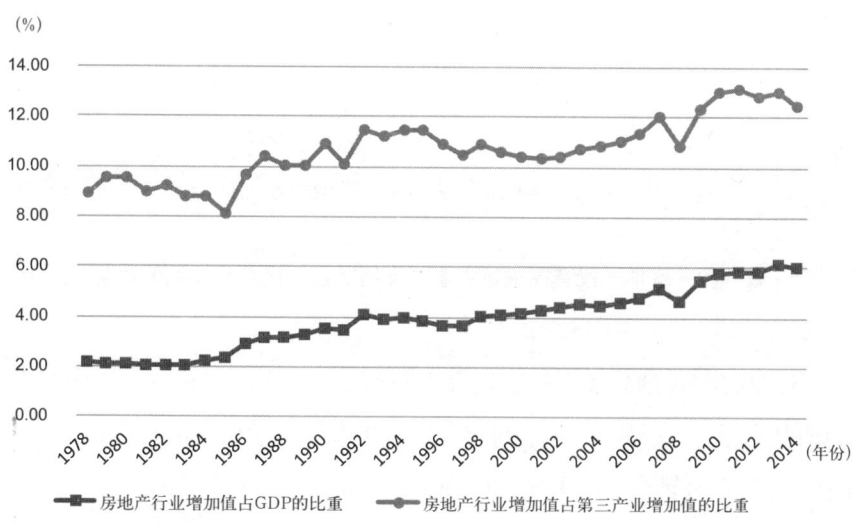

图5-1　房地产行业增加值占GDP和第三产业增加值的比重

资料来源：笔者根据国家统计局数据计算。

（2）房地产投资是全社会固定资产投资的重要组成部分。目前，我国全社会固定资产投资中，有很大的比例被用于房地产开发投资。1998年以后，房地产投资进入了快速上升的阶段，此时房地产投资完成额占全社会固定资产投资完成额的比重也逐年上升。1998～2014年，房地产投资完成额占全社会固定资产投资完成额的比重由12.72%上升到了18.67%。2011年，在国家4万亿元投资计划等经济刺激政策作用下，房地产行业投资进一步提升，占全社会固定资产投资完成额的比重也达到了最高点19.84%。这意味着全社会的固定资产投资中，有接近1/5是用于房地产开发建设（见图5-2）。

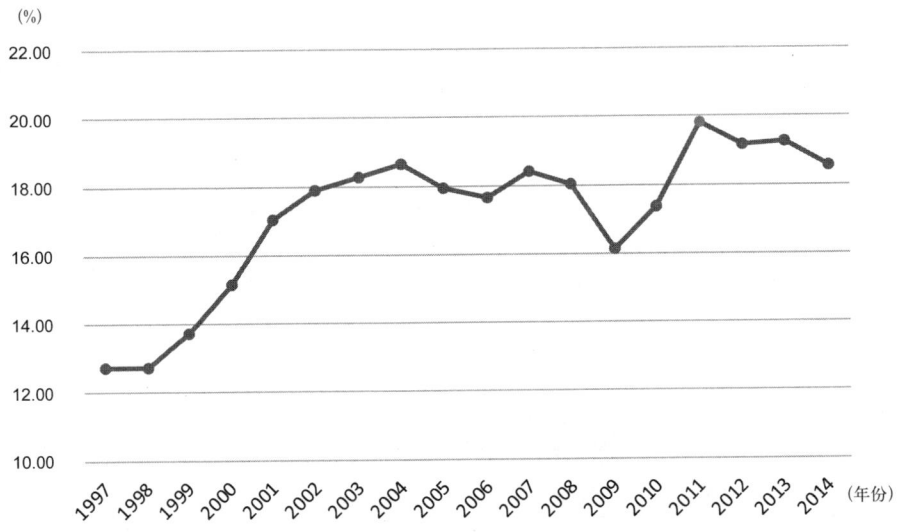

图5-2　房地产投资完成额占全社会固定资产投资完成额的比重

资料来源：笔者根据国家统计局数据计算。

（3）房地产销售额占GDP的比重较高。1998年以后，房地产销售占GDP的比重呈现逐年上升的趋势。1998年，商品房销售占GDP的比重和住宅商品房销售占GDP的比重分别为2.96%和2.36%，到了2013年这两个比重分别上升到了13.85%和11.51%，分别上升了3.68倍和3.87倍（见图5-3）。这意味着如果采取收入法计算GDP，那么13.85%和11.51%是直接来源于商品房销售和住宅商品房销售。事实上，这一比重尚未包括租房收入、装修收入和物业收入等其他收入。如果将这些收入计算在内，那么占GDP的比重将更大。

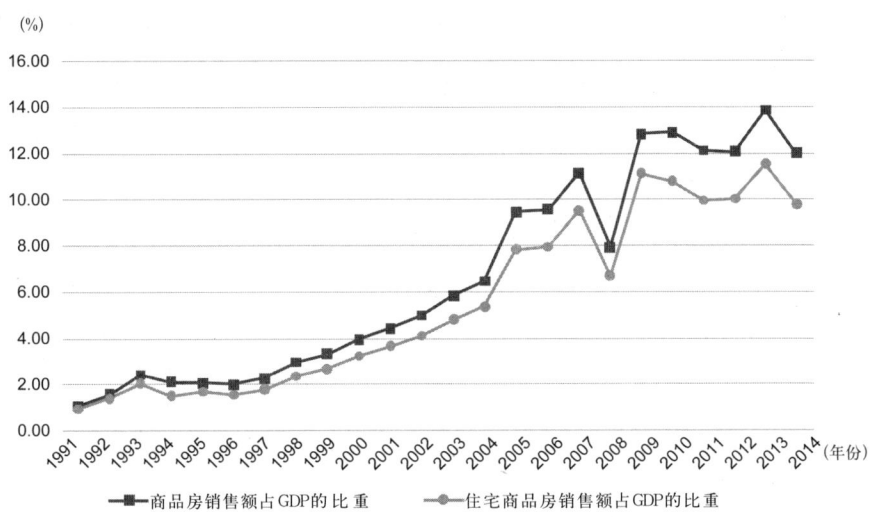

图5-3 商品房销售额占GDP的比重

资料来源：笔者根据国家统计局数据计算。

二、房地产增速与宏观经济增速的比较

1998年以后，中国房地产行业加快增长，远远快于同期宏观经济增速。1998~2013年，房地产行业增加值增速平均值、房地产业城镇固定资产投资完成额增速平均值、商品房销售额增速平均值、房地产开发投资当年完成投资额增速平均值、全社会固定资产投资完成额增速平均值、GDP增速平均值分别为16.80%、20.16%、18.22%、20.47%、17.38%、9.73%。通过比较可见，房地产行业增加值平均增速远远快于GDP平均增速；房地产业城镇固定资产投资完成额增速平均值、房地产开发投资当年完成投资额增速平均值均快于全社会固定资产投资完成额增速平均值；商品房销售额增速也快于GDP增速（见表5-2）。房地产行业的加速发展，一方面是因为国家住房制度改革释放了人民群众

被压抑的需求，从而实现了需求的爆发式增长，随着人民收入水平的提升，消费能力也稳步增长，必将由过去的一般性生活用品消费升级到房屋、汽车等高档耐用品消费；另一方面也是因为我国城镇化进程的加快对基础设施建设的完善提出了更高的要求，2000年中国城镇化率仅仅为36.22%，到了2014年这一数值已经上升到了54.77%。

表5-2　房地产行业主要指标增速与宏观经济指标比较

指标年份	房地产业增加值增速（%）	房地产业城镇固定资产投资完成额增速（%）	商品房销售额增速（%）	房地产开发投资当年完成投资额增速（%）	全社会固定资产投资完成额增速（%）	GDP增速（%）
1999	7.20	11.97	18.88	13.53	5.10	7.60
2000	12.64	16.70	30.82	21.24	10.15	8.40
2001	13.55	22.31	22.29	26.89	12.86	8.30
2002	13.50	19.44	21.94	22.43	16.61	9.10
2003	15.28	22.11	27.74	29.19	26.69	10.00
2004	15.61	28.23	23.01	26.96	24.44	10.10
2005	18.38	15.73	44.98	18.75	23.28	11.30
2006	21.45	23.19	11.27	19.52	21.13	12.70
2007	31.64	27.70	23.12	25.68	21.12	14.20
2008	6.36	19.89	−8.71	18.25	20.17	9.60
2009	28.89	16.06	33.74	12.91	23.94	9.20
2010	23.50	25.96	7.69	25.59	18.39	10.60
2011	18.51	22.65	4.27	20.31	8.69	9.50
2012	10.66	16.07	3.55	11.59	14.53	7.70
2013	14.78	14.44	8.67	14.13	13.65	7.70
平均	16.80	20.16	18.22	20.47	17.38	9.73

注：所有的增速均为价格调整后的增速。其中，房地产业增加值增速采用CPI进行价格调整；房地产业城镇固定资产投资完成额增速、房地产开发投资当年完成投资额增速、全社会固定资产投资完成额增速采用固定资产投资价格指数进行调整；商品房销售额增速采用房屋销售价格指数进行调整；GDP增速为国家统计局公布的价格调整后数据。

资料来源：国家统计局。

三、房地产投资对宏观经济增长的影响分析

房地产行业增长对宏观经济产生了巨大的拉动作用,这种拉动作用一方面体现在直接拉动作用上,即房地产投资增长直接对GDP增长形成的拉动作用;另一方面体现在综合影响上,即房地产投资通过多种机制能够对宏观经济产生的总体影响。下文将从直接拉动作用和综合影响两个方面衡量房地产行业对宏观经济增长的影响。

1.直接拉动作用

从直接拉动作用来看,1999年以来中国宏观经济的快速增长,在很大程度上是房地产行业直接拉动的结果。1999~2013年,房地产投资对GDP增长的直接贡献度年度平均值为2.11%,房地产投资对GDP增长直接贡献率年度平均值为21.86%(见表5-3)。

表5-3 房地产投资对宏观经济的直接拉动作用

指标 年份	房地产开发投资完成额（亿元）	房地产开发投资完成额增速（%）	GDP（亿元）	GDP增速（%）	房地产投资对GDP增长贡献度（%）	房地产投资对GDP增长贡献率（%）
1999	4103.2	13.53	90187.7	7.60	0.62	8.10
2000	4984.05	21.24	99776.3	8.40	1.06	12.63
2001	6344.11	27.18	110270.4	8.30	1.56	18.84
2002	7790.92	22.76	121002	9.10	1.47	16.10
2003	10153.8	29.68	136564.6	10.00	2.21	22.06
2004	13158.25	28.01	160714.4	10.10	2.29	22.71
2005	15909.25	20.58	185895.8	11.30	1.76	15.59
2006	19422.92	21.76	217656.6	12.70	1.94	15.29
2007	25288.84	29.06	268019.4	14.20	2.74	19.31
2008	31203.19	21.46	316751.7	9.60	2.11	22.03
2009	36241.81	16.54	345629.2	9.20	1.73	18.85
2010	48259.4	32.01	408903	10.60	3.78	35.64
2011	61796.89	26.32	484123.5	9.50	3.36	35.36

续表

指标 年份	房地产开发投资完成额（亿元）	房地产开发投资完成额增速（%）	GDP（亿元）	GDP增速（%）	房地产投资对GDP增长贡献度（%）	房地产投资对GDP增长贡献率（%）
2012	71803.79	16.02	534123	7.70	2.15	27.96
2013	86013.38	19.73	588018.8	7.70	2.89	37.48
平均	29498.25	23.06	271175.8	9.73	2.11	21.86

注：房地产开发投资完成额、GDP为未经过价格调整的数据，GDP增速为国家统计局公布的价格调整后数据，房地产开发投资完成额采用固定资产投资价格指数进行调整。贡献度和贡献率的计算方法为：房地产开发投资贡献度=房地产开发投资增长率×房地产开发投资总额占GDP的比重；房地产投资贡献率=房地产开发投资贡献度/GDP增速。

资料来源：国家统计局。

（1）从房地产投资对GDP增长的直接贡献度来看，房地产投资平均每年能够直接拉动GDP增长2.11个百分点。如果分时间阶段来看，房地产投资对GDP的拉动作用呈现逐步提升的趋势。2010年和2011年达到了历史的最高点，分别为3.78个百分点和3.36个百分点。近两年来，虽然GDP增速逐步下行，但房地产投资对经济增长的拉动作用却在提升，2012年和2013年GDP增速均为7.7%，其中房地产投资分别拉动了2.15个百分点和2.89个百分点（见图5-4）。

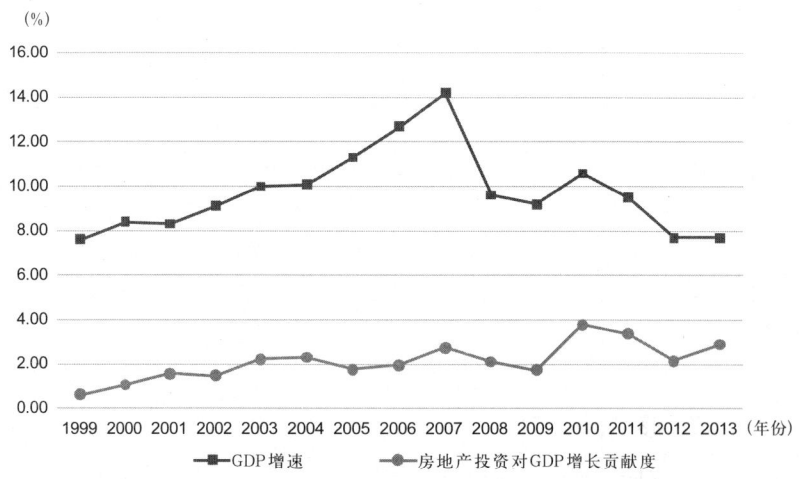

图5-4 房地产投资对GDP增长的直接贡献度

资料来源：笔者根据国家统计局数据计算。

第五章　国有企业投资房地产对宏观经济的影响

（2）从房地产投资对GDP增长的直接贡献率来看，我国GDP增长中，平均每年21.86%的贡献来源于房地产投资。如果分时间阶段来看，那么2010年以后房地产投资对GDP增长的贡献率出现了大幅上升。尤其是2013年达到了37.48%，这意味着经济增长中超过1/3是由房地产投资直接拉动的（见图5－5）。在GDP增速大幅放缓的背景下，房地产投资对GDP增长的贡献率却大幅上升，这说明我国经济增长已经高度依赖于房地产行业。

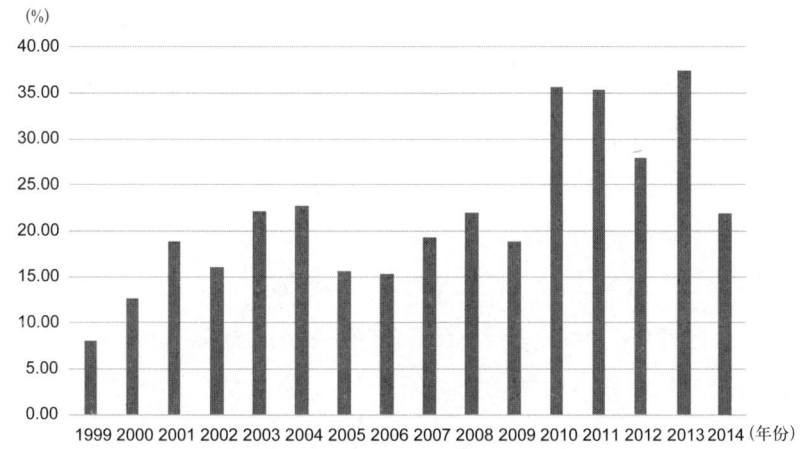

图5-5　房地产投资对GDP增长的直接贡献率

资料来源：笔者根据国家统计局数据计算。

2.综合影响

从综合影响来看，房地产行业对宏观经济的影响不仅体现在投资上，而且体现在非房地产投资、消费、进出口上，体现在资本积累、劳动就业和技术进步上。房地产行业的发展不仅对短期经济增长能够产生影响，而且也能对长期经济增长带来深远影响。具体来看，房地产行业的发展能够通过两种机制对宏观经济造成影响。

（1）带动效应。房地产行业的发展能够对消费和投资均产生较大的带动效应，从而拉动经济增长。一方面房地产行业发展能够带动消费需求的增长，包括装修、家具、家电、纺织、电子信息等很多行业；另一方面房地产行业的发展也能够带动投资增长，包括道路交通、园林绿化、市政工程等基础设施建设投资，以及上下游的工业、服务业投资等。

（2）挤出效应。房地产行业的发展同样可能会对其他产业投资和其他行业消费形成挤出效应，从而不利于宏观经济的增长。房地产行业由于存在巨大的利润空间，吸引了大量的社会资源进入。一方面房地产行业吸引了大量的社会投资，很多企业，包括制造业、服务业等，为了追求短期利润，纷纷将大量的资金投入到了房地产行业，从而对实体经济的发展造成了严重挤压，削弱了我国经济的可持续发展能力；另一方面房地产行业也对消费造成了挤压。很多家庭在购买房屋时，需要花光几代人的所有积蓄，而且还要背负大量的银行贷款。结果是这些家庭的可支配性收入大幅减少，从而积压了消费需求，使得消费增长对宏观经济增长的拉动力越来越弱。

两种效应比较来看，笔者认为，在短期之内，房地产投资的带动效应大于挤出效应，因此能够带动宏观经济的迅速增长；但从长期来看，形势将发生转变，挤出效应会大于拉动效应，房地产投资的过快增长可能会削弱宏观经济的长期可持续发展能力。

四、国有企业投资房地产对宏观经济增长的影响分析

国有房地产企业是我国房地产行业的重要组成部分，但国有房地产企业开发投资额占全部企业的比重正逐年下降。2006~2012年，国有房地产企业开发投资额占所有房地产开发企业完成投资额的比重约为6%。国有企业投资房地产对宏观经济的影响，主要是作为房地产行业的组成部分而发挥作用。国有企业投资房地产对宏观经济的影响同样可以从直接拉动和综合影响两个方面来衡量。

从直接拉动来看，2006年以来国有房地产企业投资对GDP增长贡献度和贡献率出现提升趋势，尤其是在2010年和2011年，出现了明显的提升。2010年，国有房地产企业投资对GDP增长贡献度和贡献率分

第五章 国有企业投资房地产对宏观经济的影响

别为0.21%和1.98%；2011年国有房地产企业投资对GDP增长贡献度和贡献率分别为0.18%和1.93%（见表5-4）。

表5-4 国有企业投资房地产对宏观经济增长的贡献

指标 年份	国有房地产开发企业完成投资额（万元）	国有房地产企业完成投资额占全部企业完成投资额比重（%）	国有房地产企业投资对GDP增长贡献度（%）	国有房地产企业投资对GDP增长贡献率（%）
2006	10527863	5.42	0.11	0.83
2007	—	—	—	—
2008	16251176	5.21	0.11	1.15
2009	25959571	7.16	0.12	1.35
2010	26792778	5.55	0.21	1.98
2011	33700770	5.45	0.18	1.93
2012	44026149	6.13	0.13	1.71

资料来源：笔者根据Wind数据计算。

单就规模而言，国有企业投资房地产对宏观经济增长的拉动力和拉动率并不大，但其变化趋势说明了其在宏观调控中的重要角色（见图5-6）。2008年全球遭遇了金融危机，我国经济受到了巨大冲击。在这种情况下，国家出台了4万亿元投资计划和一系列的救市措施，房地产行业也因此受益。在这个过程中，国有房地产企业也加快了房地产开发投资，对于稳定宏观经济增长贡献了力量。

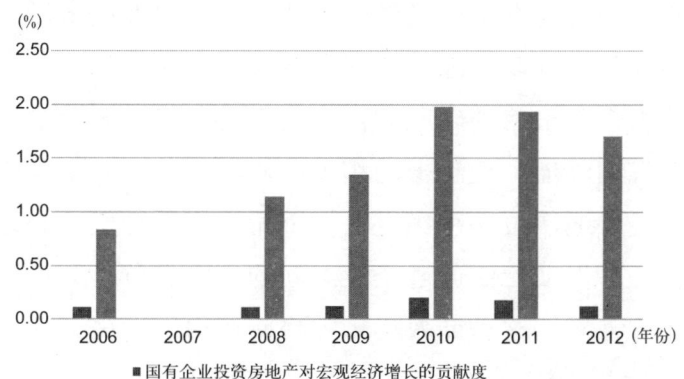

图5-6 国有企业投资房地产对宏观经济增长的贡献

资料来源：笔者根据Wind数据和《中国房地产统计年鉴》计算。

从综合影响来看，国有企业投资房地产对宏观经济的影响不仅包括上文所谈到的房地产企业投资会对宏观经济产生的带动效应和挤出效应，而且还包括国有房地产企业的一些独特的作用机制。

（1）优势资源过度集中于国有房地产企业而造成了资源配置效率损失，从而影响了宏观经济增长。虽然笔者在前面章节中已经使用面板数据证明了国有房地产企业相比于私营房地产企业有着更优异的企业绩效表现，但是同时也分析指出这种优异绩效的产生是以国有房地产企业占据了更多的资源而实现的。例如，国有房地产企业更容易从银行获取贷款，从而提升自身的杠杆率。杠杆率的提高能够大大提升企业的净资产收益率。然而，在企业净资产回报率提高的同时，企业的总资产收益率可能出现降低。对企业来讲，会更关心自身的净资产收益率，因为更高的净资产收益率意味着股东能够获得更多的收益；但是对整个国家来讲，应当更加关注企业的总资产利用效率，因为总资产利用效率反映了资源的整体利用效率。事实上，国有房地产企业占有更多的资源意味着对非国有房地产企业的挤出效应，从而不利于宏观经济的增长。

（2）国有企业投资房地产可能会对行业竞争秩序造成破坏，从而使得市场无法实现帕累托最优，不利于整个宏观经济的增长。正如前面章节所论证的，国有企业投资房地产是当前房地产市场"高空置率和高价格并存"的重要原因。"高空置率"意味着供过于求，房地产开发企业的投资需求将受到压制；"高价格"意味着大量消费者的购房需求无法得到满足，无法带动相关产业增长。"高空置率和高价格并存"意味着房地产市场被锁定在一个无效率的均衡点上，造成了社会福利的损失，但又无法通过企业之间的自发竞争行为得以解决。从整个宏观经济来看，这种低效率锁定将使得房地产失去活力，从而大大制约了宏观经济增长。

（3）国有房地产企业成为了贷款资金的"蓄水池"，对其他实体经济企业形成"抽血效应"，不利于宏观经济的增长。国有房地产

第五章 国有企业投资房地产对宏观经济的影响

企业由于自身的所有制性质以及房地产行业的巨大利润空间，成为了银行青睐的贷款对象。一旦国家增加货币供给，银行就会倾向于将贷款贷给国有房地产企业，而不是实体经济企业。2006~2012年，国有房地产开发企业国内贷款占全部企业比重一直高于国有房地产开发企业完成投资占全部企业比重，这说明相同规模的房地产开发投资中，国有房地产开发企业获得了更多的国内贷款支持（见表5-5）。尤其是在2009~2012年，国有房地产开发企业国内贷款占全部企业比重大大高于国有房地产开发企业完成投资占全部企业比重，这说明国际金融危机之后，国家宽松的货币政策使得很大比例的资金进入房地产行业，而这些资金又有很大比例进入了国有房地产企业。国家贷款大量进入国有房地产企业的一个后果就是国家宏观政策和企业实际感受发生了严重的偏离。一方面国家货币政策已经十分宽松，对国家来讲如果继续放松货币供给，可能会出现通货膨胀和金融风险；另一方面企业却感觉资金链十分紧张，国家增加的货币供给并没有真正达到企业的经营环节。这一结果背离了国家货币政策的初衷，影响了国家宏观政策的效果，从而不利于宏观经济的增长。

表5-5 国有房地产开发企业国内贷款占全部企业比重

年份	国有房地产开发企业完成投资占全部企业比重（%）	国有房地产开发企业国内贷款占全部企业比重（%）
2006	5.42	5.85
2007	—	—
2008	5.21	5.96
2009	7.16	16.11
2010	5.55	8.35
2011	5.45	9.01
2012	6.13	11.23

注：2007年数据Wind数据库未收录。
资料来源：笔者根据Wind数据计算。

总体来看，国有企业投资房地产在短期之内能够拉动宏观经济增长。在国有房地产企业占整个房地产行业比重较高、中国经济总量较低的时期,这种拉动贡献十分重要,但目前随着国有房地产企业占整体房地产行业比重的下降,中国经济总量的大幅提升,国有企业投资房地产对宏观经济增长拉动的贡献已经大幅降低了;从长期来看,国有企业投资房地产可能会导致资源配置效率损失和市场竞争秩序的破坏,对其他实体经济行业形成"抽血效应",从而不利于经济的长期健康增长。

第二节 国有企业投资房地产对中国经济结构的影响

国有企业投资房地产能够对我国经济结构造成重要影响,不仅影响产业结构,而且影响区域结构。

一、国有企业投资房地产对产业结构的影响

对于房地产业的带动效应分析,目前主要采用了投入产出的方法。房地产行业对相关产业的带动作用可以通过后向关联效应和前向关联效应两个方面进行分析。其中,后向关联效应是指房地产行业对向本产业提供生产要素的产业或部门产生的生产技术关联程度,表示房地产业对国民经济所能形成的需求拉动效应;前向关联效应是指房地产业对需求自身产品或服务的产业之间的生产技术关联程度。后向关联效应主要采取直接消耗系数、完全消耗系数和影响力系数来衡量;前向关联效应主要采取直接分配系数、完全分配系数和感应度系数来衡量。为分析房地产行业对相关产业的影响,可以首先计算出房地产行业的影响力系数和感应度系数,然后将二者相加,得出房地产行业对相关产业影响的总拉动系数,从而分析房地产行业对相关产业的综合影响。

第五章 国有企业投资房地产对宏观经济的影响

本书直接采用了李玉杰、王庆石（2010）计算的房地产业拉动效应系数进行分析（见表5-6）。一是房地产行业对化学工业，金融保险业，批发和零售贸易业，金属冶炼及压延加工业，通信设备、计算机及其他电子设备制造业，建筑行业具有较强的带动效应。二是房地产行业不仅对制造业具有较强带动作用，而且对服务业也具有较强带动作用。从1997年和2002年数据来看，房地产业拉动作用最大的产业一直是金融保险业，到了2002年虽然化学工业超过了金融保险业成为房地产业拉动效应最大的行业，但金融保险业仍位居第二，仅次于化学工业。三是随着房地产行业规模的扩张，房地产行业对国民经济的拉动作用呈现下降趋势。1997年房地产行业对40个产业总效应指数为1.41615，到了2002年下降为1.23925，到了2007年进一步降至1.17006。造成这一结果的原因，主要是房地产行业对服务业的带动效应出现明显下降。2007年房地产业对金融保险业的总效应指数为0.07871，远远低于2002年的0.14484和1997年的0.14541。

表5-6 我国房地产行业对相关产业的拉动效应

排名\年份	1997 产业	总效应	2002 产业	总效应	2007 产业	总效应
1	金融保险业	0.14541	金融保险业	0.14484	化学工业	0.09365
2	商业	0.14470	公共管理和社会组织	0.10983	金融保险业	0.07871
3	建筑业	0.09368	批发和零售贸易业	0.09017	批发和零售贸易业	0.07185
4	非金属矿物制品业	0.09286	建筑业	0.07571	金属冶炼及压延加工业	0.06358
5	化学工业	0.08959	化学工业	0.06225	通信设备、计算机及其他电子设备制造业	0.05951
6	社会服务业	0.08673	租赁和商务服务业	0.05903	建筑业	0.05265
7	金属冶炼及压延加工业	0.05448	金属冶炼及压延加工业	0.05323	租赁和商务服务业	0.04783

续表

排名\年份	1997		2002		2007	
	产业	总效应	产业	总效应	产业	总效应
8	机械工业	0.04892	通信设备、计算机及其他电子设备制造业	0.04973	通用、专用设备制造业	0.04514
9	农业	0.04848	交通运输及仓储业	0.04819	电力、热力的生产和供应业	0.04281
10	电气机械及器材制造业	0.04461	通用、专用设备制造业	0.04216	电气、机械及器材制造业	0.04110
	对40个产业总效应	1.41615	对42个产业总效应	1.23925	对42个产业总效应	1.17006

资料来源：李玉杰，王庆石.房地产业对相关产业带动效应的国际比较研究［J］.世界经济与政治论坛，2010（6）.

如果从国际比较来看，我国房地产行业对相关产业拉动效应存在两个方面的特点。一是我国房地产业对相关产业的拉动效应要大于美国、日本、英国等西方国家。造成这一现象的原因在于我国与这些发达国家在经济发展阶段上的不同。西方发达国家经济体系已经比较完善，不同部门之间的供需基本平衡，经济结构基本稳定，在这种情况下，房地产业的发展不会带来产业部门的变革和经济结构的变化，因此对整个经济系统影响较小。相比之下，我国经济正处于不断发展、不断完善过程当中，经济结构也处于不断演进中，在这种情况下，房地产业的发展将催生一些产业的发展，也推动了经济结构的变化，因此能够对整个经济系统产生较大的影响。二是我国房地产业的拉动作用主要体现在制造业，而美国、日本、英国等西方国家房地产业的拉动作用主要体现在服务业（见表5-7）。例如，美国房地产业拉动效应最大的产业主要是公共、社会及个人其他服务业，金融保险业，批发和零售业，研究和实验开发业，卫生和社会工作，公共管理、国防及社会保障；日本房地产业拉动效应最大的产业主要是金融保险业、批发和零售业、建筑业、其他商业、交通运输及仓储业；英国拉动效应最大的产业主要是金融保险业，建筑业，批发和零售业，其他商业，公用管理、国防及社会保障。

第五章 国有企业投资房地产对宏观经济的影响

表5-7 不同国家房地产业对相关产业的拉动效应比较

国家排名	美国 产业	总效应	日本 产业	总效应	英国 产业	总效应
1	房地产业	0.08156	金融保险业	0.05541	金融保险业	0.11614
2	公共、社会及个人其他服务业	0.07826	批发和零售业	0.04498	建筑业	0.09641
3	金融保险业	0.07661	建筑业	0.03805	批发和零售业	0.08526
4	批发和零售业	0.05794	其他商业	0.02847	其他商业	0.04372
5	研究和实验开发业	0.04151	交通运输及仓储业	0.01352	公用管理、国防及社会保障	0.03626
6	卫生和社会工作	0.03788	房地产业	0.01195	交通运输及仓储业	0.02066
7	公共管理、国防及社会保障	0.03201	计算机服务和软件业	0.01159	房地产业	0.01564
8	其他商业	0.02690	公共、社会及个人其他服务业	0.01048	邮政电信业	0.01385
9	电力、燃气及水供应业	0.02097	邮政电信业	0.00934	公共、社会及个人其他服务业	0.01024
10	建筑业	0.01869	住宿和餐饮业	0.00824	计算机服务和软件业	0.00965
	对37个产业总效应	0.64041	对37个产业总效应	0.31363	对42个产业总效应	0.53171

资料来源：李玉杰，王庆石.房地产业对相关产业带动效应的国际比较研究[J].世界经济与政治论坛，2010（6）.

国有企业投资房地产对产业结构的影响体现在对相关行业的拉动效应上。国有房地产企业曾经对我国房地产行业的发展起到了巨大的推动作用，因此也对我国产业结构产生了重要的影响。房地产行业拉动效应最强的十个行业分别为化学工业，金融保险业，批发和零售贸易业，金属冶炼及压延加工业，通信设备、计算机及其他电子设备制造业，建筑业，租赁和商务服务业，通用、专用设备制造业，电力、热力的生产和供应业，电气、机械及器材制造业。其中，既有制造业，也有服务业；既有高耗能产业，也有高加工度产业；既有传统产业，也有高技术产业。国有企业投资房地产对产业结构的影响具体有以下三个方面。

第一，国有企业投资房地产带动了金融保险业、批发和零售贸易业、租赁和商务服务业的发展，从而促进第三产业比重的提高。从美国、日本、英国等国家的情况来看，房地产行业拉动最大的行业均为服务业。从我国1997年和2002年的投入产出表来看，房地产行业拉动最大的行业也是服务业，到了2007年变成了化工行业，但金融保险业、批发和零售贸易业仍居第二位、第三位。事实上，房地产行业的发展也确实拉动了我国服务业的增长。我国很多银行，如兴业银行等，都是因为抓住了房地产业快速发展的机遇，所以才实现自身的快速发展。改革开放之初，整个房地产行业中，国有房地产企业占绝大部分比重；直到20世纪末，国有房地产企业的比重仍接近50%，国有房地产企业是我国房地产企业起步之初的关键力量，曾对第三产业的发展发挥过重要的带动作用。

第二，国有企业投资房地产加快了我国工业化的步伐。改革开放以来，我国工业化快速推进，尤其是进入21世纪以后，工业化步伐进一步加快。中国的工业化在很大程度上是城市化带动的结果，而房地产行业的发展对中国城市化的进程具有重要影响。国有企业投资房地产一方面通过拉动化学工业、金属冶炼及压延加工业、通用专用设备制造业的发展，而使得中国加快进入重化工业化阶段，加快了工业化的步伐；另一方面推进城市化，使得农村劳动力人口加快向城市转移，从而推动工业部门的快速扩张。国有房地产企业对我国房地产行业的发展曾经起到了重要的推动作用，而这一个过程也是推进我国工业化快速发展的过程。

第三，国有企业投资房地产加剧了行业的粗放式发展，对工业转型升级造成了压力。房地产行业的发展能够对钢材、建材、有色金属等产品形成巨大需求，然而从产品需求结构上来看，主要是对一些低端产品需求更大。例如，房地产行业对钢材的需求主要是螺纹钢等线材产品，而对于一些高端板材产品需求不大。这些低端的线材产品很

第五章 国有企业投资房地产对宏观经济的影响

多都是由一些规模小、技术相对落后的钢铁企业生产，对资源环境造成了巨大压力。房地产企业对产业结构的这种影响体现为一种行业共性，而非国有房地产企业所独有的。然而，就单从国有房地产企业来讲，也存在一些特殊性，使得国有企业投资房地产会加剧这种影响。正如前面章节所谈到的，国有企业投资房地产会破坏房地产行业的市场竞争秩序，从而不利于行业的技术进步。行业技术进步的滞后将直接导致整个房地产行业被锁定在低端状态，企业持续粗放式发展，从而造成大量的重复建设和资源浪费，加剧资源环境压力。

总体来看，国有企业投资房地产对我国的产业结构产生了重要影响。这种影响可以从两个视角来考虑。一是历史的视角。国有房地产企业曾经对我国房地产行业的发展起到了至关重要的作用，因此也曾经促进了我国服务业的发展，推动了工业化进程。二是竞争秩序的视角。国有企业投资房地产会带来市场竞争秩序的破坏，从而不利于行业的可持续发展，进而导致房地产行业对一些低端产品需求量加大，从而对资源环境造成压力。

二、国有企业投资房地产对区域结构的影响

房地产产品的一个重要特点就是缺乏流动性，因此不同地区市场之间是相互分割的，全国无法形成统一市场。我国不同地区之间房地产行业的发展十分不平衡。从全国不同地区房地产投资规模来看，2012年房地产投资规模最高的地区是江苏、辽宁、广东、浙江，均超过5000亿元；房地产投资规模最低的地区是西藏，仅为6.87亿元，其次是青海、宁夏、甘肃、新疆、海南、江西，均不足1000亿元（见表5-8）。造成不同地区房地产业发展高度不均衡的原因主要在于经济发展水平和人口规模的差异。总体来看，经济较为发达的东部地区房地产行业也较为发达；经济欠发达的中部地区和西部地区，尤其是西部地区，房地产行业较为落后。

表5-8　2012年我国不同省（市、自治区）地区生产总值和房地产投资情况

指标 地区	地区生产总值（亿元）	房地产投资（亿元）	国有房地产企业投资（亿元）	国有房地产企业投资占比（%）	地区生产总值增速（%）
北京	17879.4	3153.44	137.78	4.37	7.73
天津	12893.88	1260.00	272.06	21.59	13.85
河北	26575.01	3086.52	34.97	1.13	9.63
山西	12112.83	1010.45	64.70	6.40	10.14
内蒙古	15880.58	1291.44	35.86	2.78	11.46
辽宁	24846.43	5455.82	327.07	5.99	9.55
吉林	11939.24	1310.03	10.99	0.84	11.97
黑龙江	13691.58	1535.84	139.70	9.10	10.03
上海	20181.72	2381.36	264.23	11.10	7.46
江苏	54058.22	6206.10	632.88	10.20	10.13
浙江	34665.33	5226.27	182.45	3.49	7.98
安徽	17212.05	3151.61	198.52	6.30	12.10
福建	19701.78	2824.12	198.86	7.04	11.45
江西	12948.88	969.62	55.49	5.72	10.95
山东	50013.24	4708.31	411.46	8.74	9.76
河南	29599.31	3035.29	64.52	2.13	10.15
湖北	22250.45	2539.46	198.00	7.80	11.25
湖南	22154.23	2210.52	74.13	3.35	11.26
广东	57067.92	5352.79	224.48	4.19	8.16
广西	13035.1	1554.94	96.45	6.20	11.26
海南	2855.54	886.64	70.00	7.90	9.13
重庆	11409.6	2508.35	247.67	9.87	13.55
四川	23872.8	3266.40	98.01	3.00	12.55
贵州	6852.2	1467.60	64.00	4.36	13.57
云南	10309.47	1782.14	72.60	4.07	12.96
西藏	701.03	6.87	1.02	14.87	11.78
陕西	14453.68	1835.93	125.23	6.82	12.86
甘肃	5650.2	561.02	64.68	11.53	12.56
青海	1893.54	189.68	11.17	5.89	12.25
宁夏	2341.29	429.15	6.04	1.41	11.50
新疆	7505.31	606.09	17.59	2.90	11.96

资料来源：中经数据库。

第五章 国有企业投资房地产对宏观经济的影响

国有房地产企业在中西部经济欠发达地区投资占比相对较高。房地产行业发展存在明显的规模经济效应，在一些东部人口比较集中的地区，由于市场需求规模大，大量的房地产企业进入，因此房地产行业已经高度发达；但中部和西部一些地区，由于人口规模小，市场需求规模小，愿意进入并进行开发投资的房地产企业相对较少。对于一些中部和西部地区来讲，必须要有一些领头的房地产企业率先进入，当形成规模、基础设施逐步完善以后，就会吸引更多的房地产企业进入。此时，国有房地产企业承担了这一角色，成为了一些房地产行业欠发达地区的"拓荒者"，从而对这部分地区的经济发展起到了积极的带动作用。2012年中西部经济欠发达地区国有房地产企业投资占比最高的地区为西藏，达到了14.87%；其次是甘肃，达到了11.53%。另外，除经济发达地区外，重庆、黑龙江等省份国有房地产企业投资占比也比较高（见图5-7）。

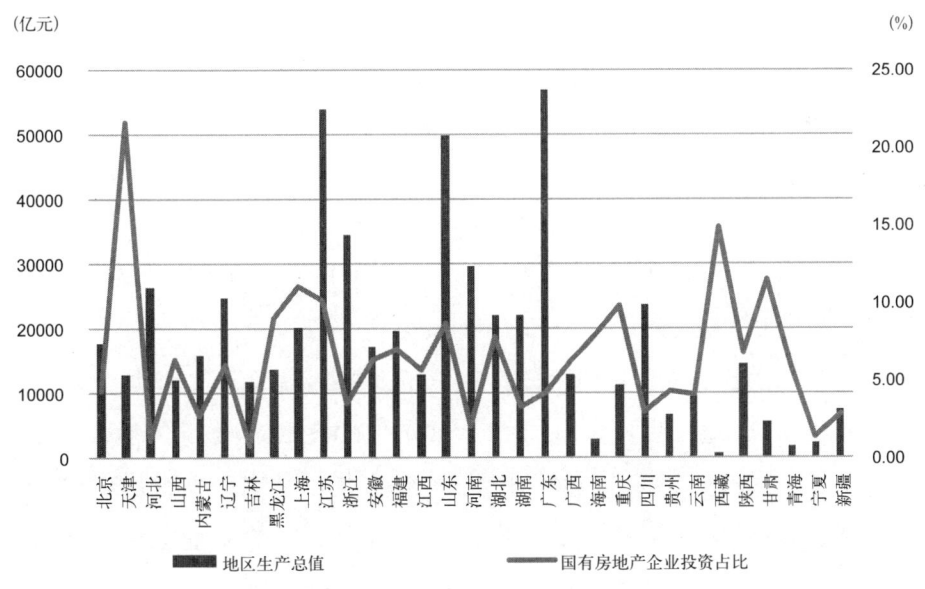

图5-7 不同地区国有房地产企业投资占比

资料来源：笔者根据中经数据库整理。

作为"拓荒者"的国有房地产企业可能有三种类型。一是房地产中央企业。为了反映国家意志，在国家西部大开发和中部崛起战略的指导下，到中西部经济不发达地区进行投资。例如，国家为了促进西藏、新疆等西部地区的发展，会组织一些中央企业到这些地区进行对口支援。二是地方平台企业。随着我国城镇化建设进程的加快推进，很多地区对城市基础设施建设需求越来越大，加之城市建设对地方政府官员政绩考核的正面激励，更是提升了地方政府基础设施建设的热情。为了解决基础设施建设中的资金短缺问题，很多地方政府纷纷建立平台公司，并将土地等优质资源注入，并以此向银行抵押，或以政府信用向银行进行融资。目前，大量的平台公司都转变为国有房地产企业，成为了很多地区城市建设的重要力量。在很多地区，这些平台企业转变而来的国有房地产企业占据了房地产投资的较大比重。三是一些并非以房地产为主业的国有企业。正如前文所言，有些国有企业，尤其是中央企业，因为国家推动"三线建设"或者支援"老少边穷地区"发展，而将工厂设在深山或者是偏远的地区，这些地区经济落后、人烟稀少，很少有房地产企业愿意进行投资。为了解决员工的居住问题，吸引更多的人才到企业工作，这些国有企业进入房地产行业，开发一些项目，既用于解决内部员工的居住问题，也用于对外销售。

国有房地产企业加大对经济不发达地区的房地产投资，有助于缩小不同区域之间的发展差距，从而为区域经济平衡发展做出贡献。具体来看，主要可以通过三个机制发挥作用。一是国有房地产企业加大对经济不发达地区的房地产投资，能够带动城镇化的发展，从而有利于完善这些地区的基础设施条件，为经济的发展创造条件。二是国有房地产企业加大对经济不发达地区的房地产投资能够吸引更多的房地产企业进入，从而形成集聚效应，带动这些地区的房地产行业，乃至加快整个经济的发展。三是国有房地产企业加大对经济不发达地区的房地产投资有利于增加经济不发达地区的税收收入，从而为这些地区的经济建设提供资金。总体来看，国有企业投资房地产促进了我国区域结构的优化。

第三节　国有企业投资房地产与国家宏观调控

房地产行业是我国宏观调控的重要行业，这主要是因为房地产行业能够带动大量相关产业的增长，从而有助于吸纳劳动就业，提高居民收入。每当宏观经济出现过热和过冷时，国家往往会从房地产行业入手，采取紧缩或扩展的政策调控房地产行业，从而调控经济增长。国有房地产企业是国家宏观调控中的先行者，同时也是受益者，在国家宏观调控政策中发挥了重要作用。

一、房地产调控影响宏观经济增长的作用机制

随着我国经济增长和房价的波动，宏观调控政策一直伴随着整个中国房地产行业的发展过程。归总来看，笔者认为，从1993年至今，国家采取了6次房地产宏观调控，其中三次整顿、三次救市，而这一过程是与我国经济波动周期高度吻合的（见图5-8）。

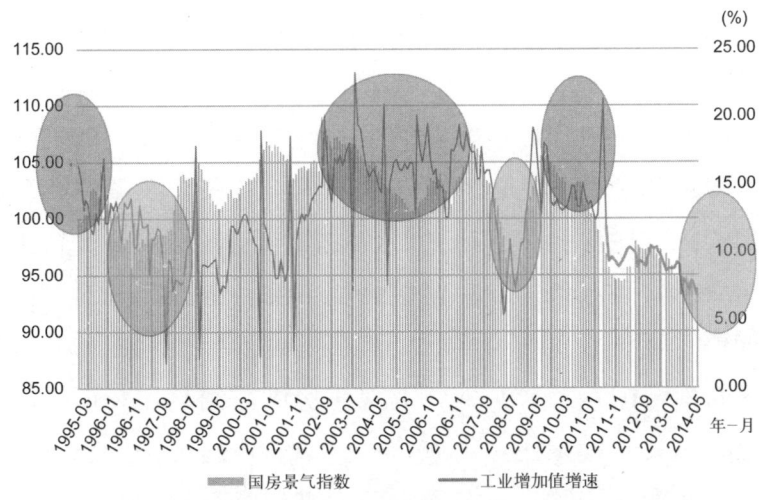

图5-8　我国房地产行业发展与国家宏观调控对比分析

注：国房景气指数对应左坐标轴；工业增加值增速对应右坐标轴。

资料来源：Wind数据库。

第一次调控是对房地产行业的整顿，发生在1993~1996年。国务院出台《关于当前经济情况和加强宏观调控意见》，提出整顿金融秩序、加强宏观调控的十六条政策措施（通称《国十六条》）；1994年出台《关于深化城镇住房制度改革的决定》、《城市房地产管理法》和《住宅担保贷款管理试行办法》。这次整顿的背景是在我国经济在1992年和1993年以后出现了高速增长，工业增加值增速甚至达到了20%以上，在这种情况下，国家为避免经济过热而对房地产行业进行了整顿，而整顿的效果是经济增速迅速趋稳。

第二次调控是对房地产行业的救市，发生在1998~2000年。1998年7月，国务院颁布《关于进一步深化城镇住房制度改革—加快住房建设的通知》（简称"23号"文件），明确提出"促使住宅业成为新的经济增长点"，并拉开了以取消福利分房为特征的中国住房制度改革。这次救市是在我国经济受到了亚洲金融危机的冲击，出现了加大的下行压力，工业经济增速在1998年1月一度下行到1.8%的背景下进行的。国家以改革为促进手段，加快房地产行业的发展，并取得了十分显著的效果。自此以后，房地产行业成为了中国经济增长的支柱产业，直接支撑我国经济在2003~2007年的高速增长。

第三次调控是对房地产行业的整顿，发生在2005~2007年，这也是政策出台最为密集的一次调控。2005年3月底，国务院办公厅下发《关于切实稳定住房价格的通知》，提出抑制住房价格过快上涨的八项措施（简称"国八条"），紧接着国务院常务会议又对"国八条"进一步细化、延伸。2006年5月，国务院常务会议通过有针对性的六项措施（简称"国六条"），将调整住房供应结构作为调控着力点。随后出台的《关于调整住房供应结构—稳定住房价格的意见》（简称"九部委'十五条'"）对"国六条"进一步细化。其中，提出了要大力建设保障性住房，重点解决低收入阶层的住房问题。2007年，各项土地、信贷、税收方面等调控措施密集推出，从土地管理、规范市场秩序、抑制投机（尤其是抑制国际游资）、调整住房结构等多方面全面出击。这次整顿是在我国经济持续高速增长，2005年和2006年政府部门和理论界普遍认为中国经济处于过热状况的背景下进行的，目的是给过高的经济增长速度"降降温"，重点抑制房地产价格的过快上涨。在这一阶段，虽然国家出台各种措施进行整顿，但房地产行业仍高速发展，房价在投资需求的驱动下高居不下。

第四次调控是对房地产行业的救市，发生在2008~2009年。2008年我国房地产行业的调整政策思路发生了扭转性的变化，先是在2008年初，将货币政策从"适度从紧"改为"从紧"，而财政政策保持稳健，但是到了2008年下半年，随着国际金融危机影响的扩大，国家同时多次降低利率和存款准备金率，下调个人住房公积金利率，规定对个人首次购买90平方米及以下普通住房的，契税税率暂统一下调到1%，对居民首次购买普通自住房和改善型普通自住房提供贷款，其贷款利率的下限可扩大为贷款基准利率的0.7倍，最低首付款比例调整为20%。在一系列措施的刺激下，房地产行业迅速由低谷转向高潮，房地产价格也出现了快速飙升。这次整顿是在国际金融危机发生以后，全球经济出现了快速下滑，中国经济也遭受了剧烈冲击的背景下，国家做出的逆周期刺激政策。这一阶段的特点是国家政策反复变化，楼市经历了过山车式波动。

第五次调控是对房地产行业的整顿，发生在2009~2010年。2009年底房地产价格变化趋势出现了大幅扭转，由下滑趋势直接转为快速上升趋势，到了2010年一些地区房价甚至比2009年上涨了1倍，为抑制房地产价格的过快上涨，2010年4月国务院发布了《国务院关于坚决遏制部分城市房价过快上涨的通知》（简称"国十条"），被称为"史上最严厉的调控政策"。在国家政策的作用下，房价趋于稳定，上涨速度大为放缓。此次调控是在国家经济已经复苏，在4万亿元投资的带动下，2010年GDP增速达到了10.6%高位的背景下进行的，国家的目标在于稳定房地产价格，避免经济过热。

第六次调控是对房地产行业的救市，目前正处于进行当中。2014年9月底，中国人民银行和银监会发布《关于进一步做好住房金融服务工作的通知》，该通知明确指出，首套房贷利率下限为贷款基准利率的0.7倍；对拥有1套住房并已结清相应购房贷款的家庭，为改善居住条件再次申请贷款购买普通商品住房的，银行业金融机构执行首套房贷款政策。此次房地产救市是在宏观经济出现持续下滑的背景下进行的，目的是通过房地产业的增长带动经济增长的回升。

从六次房地产调控的目的和效果来看，房地产行业是国家实施宏观经济调控的重要手段。当经济处于过热，国家就会制定一些抑制房地产投资增长、降低房地产市场需求的抑制性措施；当经济处于下行趋势，国家就会制定一些促进房地产投资增长、提高房地产市场需求的刺激措施。国家调控房地产的政策主要通过三种机制发挥作用。一是货币政策，国家通过调整存款准备金率、利率，改变消费者融资的成本，从而对房地产行业进行调控。例如，国家将首套房贷利率下限定为贷款基准利率的0.7倍、改变首付比例、改变公积金贷款利率等。二是财税政策，国家通过改变房地产交易环节和持有环节的税收标准，从而影响消费者的购买行为。例如，改变契税征收标准、征收房产税等。三是土地政策，国家通过增加或减少土地供给，从而对房地产投资造成影响。

二、国有房地产企业在宏观调控中的地位

国有房地产企业是特殊所有制企业，尤其是中央企业，在很多情况下是国家意志的直接体现，也是国家很多政策的重要抓手，因此能够在国家宏观调控中发挥重要作用。

第五章　国有企业投资房地产对宏观经济的影响

1. 国有房地产企业是国家宏观调控的先行引导者

国有企业为国家所有，是国家主导经济命脉、有效控制整个经济社会行为的有力工具，因此对宏观政策天然具有快速反应的特征。从历次宏观调控来看，国有房地产企业总是能够率先执行国家意愿，对整个市场发挥引导作用。例如，在2008～2009年的宏观调控中，国有房地产企业率先做出反应。受到国际金融危机冲击，中国经济出现了快速下滑趋势。国家出台一系列的宏观调控措施，希望刺激房地产投资的回升，从而带动经济的增长。在这种情况下，国有房地产行业大大加快了投资力度。2009年国有房地产企业完成投资占全部企业的比重出现了大幅度的提升，从2008年的5.21%上升到了7.16%，而在这之前国有房地产企业完成投资占全部企业的比重一直处于下降趋势。后来在2010年随着经济形势的好转，国家开始限制房地产行业投资的过快增长，此时国有房地产企业也是率先启动，降低了房地产投资增速。在国资委的要求下，一些不以房地产为主业的中央企业纷纷退出房地产行业，或者大幅降低房地产投资。2010年和2011年国有房地产企业完成投资占全部企业的比重下降到了5.55%和5.45%。到了2012年以后，随着整个房地产行业进入不景气区间，很多私营企业纷纷降低房地产投资。国家为了避免房地产行业投资过快下滑对经济造成下行压力，开始鼓励房地产投资的增长。此时，很多国有房地产企业又开始逆市拿地，继续进行大规模的房地产投资，2012年国有房地产企业完成投资占全部企业的比重又出现了上升，达到了6.13%。

2. 国有房地产企业是国家宏观调控的直接承担者

在成熟的市场经济体制下，国家对宏观经济的调控只能依靠市场机制来进行；在中国这样的转型经济体中，国家宏观调控不仅可以依靠市场机制来进行，而且可以通过国有企业直接参与市场行为，快速地实现自身的调控目标。这种调控经济的方式可能会带来对市场机制的破坏，但不得不承认的是，这种方式十分的便捷、高效。例如，在2006年以后，国家为缓解房价过快上涨带来的一系列社会问题，加大了保障房建设的力度。尽管保障房建设同样能够为企业带来利润，但利润率大大低于一般性的住宅商品房开发。因此，很多私营企业并不愿意投资保障房建设。在这种情况下，国有房地产企业发挥了重要的引导作用。无论是中央企业，还是地方国有企业都积极投身于保障房建设。正如前文所述，单就中国冶金科工集团一家企业建设的保障房面积，就占到全国保障性住房建设面积总量的3%左右。另外，在旧城改造问题上，我国很多城市党政机关和事业单位的自管房由于年代久远，存在着脏、乱、差，与周围环境极不协调的现状，而这些单位由于资金、精力的限制又难以对这些房屋进行改造。此时在政府部门的直接协调下，一些国有房地产企业与这些单位进行合作，承担了这些项目。一方面为政府旧城改造做出积极贡献，推动城市的建设；另一方面建设完成安置后剩余房源可以用以改善机关干部职工居住环境或出售，实现收支平衡，更有甚者可以实现企业利润。

3. 国有房地产企业是国家宏观调控的实际获利者

国有房地产企业积极响应国家政策，为宏观调控做出贡献，但由于政府为其提供了优势的土地资源和金融资源作为保障，因此国有房地产企业在响应和参与国家宏观调控中其利益并没有受到损害，反而成为了获利者。2009年在房价处于较低水平时，国有房地产企业加大了房地产开发的力度，随着国家刺激政策效果的释放，国有房地产企业获得了十分可观的利润。2012年至今，很多国有房地产企业逆势扩张，无论是在土地资源储备，还是市场占有率上均实现了较大规模的提升。2006～2012年，在国有房地产开发企业资产规模占全部房地产开发企业资产规模比重保持基本稳定的前提下，国有房地产开发企业利润总额占全部房地产开发企业利润总额的比重出现稳步上升趋势（见表5－9），说明在国家密集的宏观调

第五章 国有企业投资房地产对宏观经济的影响

控下,国有房地产企业的经营绩效正逐步好转。

表5-9 国有房地产开发企业利润总额占全部企业比重

指标 年份	国有房地产开发企业 利润总额（万元）	全部房地产开发企业 利润总额（万元）	国有房地产企业 占比（%）
2006	19539177	1005178	5.14
2007	—	—	—
2008	36195944	1998765	5.52
2009	49448870	2722570	5.51
2010	62357654	3979251	6.38
2011	58475138	3797111	6.49
2012	63007003	4553651	7.23

资料来源：笔者根据历年《中国房地产统计年鉴》数据整理。

第六章 结论及政策建议

笔者从国有企业投资房地产的现状和历程出发，分析了国有企业投资房地产行业对企业绩效、产业组织、宏观经济的影响，从而对国有企业投资房地产问题进行了系统研究。本章第一部分主要对本书的基本结论进行总结；第二部分提出促进房地产行业健康发展的政策建议。

第一节 基本结论

通过对房地产行业的系统研究，主要获得了以下基本结论：

第一，国有企业投资房地产是我国从计划经济体制向市场经济体制转轨的必然结果。国内早期的房地产企业形成主要有两种形式，一是由房管所转制而成，二是由机关单位后勤部门改革形成。在我国房地产市场建立之初，几乎全部是国有房地产企业，后来随着市场经济的不断完善，各种经济成分多元化格局形成，房地产市场格局也发生了根本性的变化。1992年，邓小平同志南方谈话之后，我国经济进入新一轮高涨期，第一次房地产热出现了，大量民营资本进入房地产行业，民营房地产企业数量开始超过国有企业。1998年下半年，国家开始停止住房实物分配，逐步实行住房分配货币化，我国房地产行业也进入了"超级繁荣期"，民营房地产企业迅速发展壮大，国有房地产企业比重迅速下降。2012年国有房地产企业数量占所有房地产企业数量的比重已不足4%，国有房地产企业从业人数占所有房地产企业从业人数的比重已不足6%，国有房地产企业资产总额占所有房地产企业资产总额的比重已不足10%。

第二，国有房地产企业曾经为我国经济社会建设和房地产行业发展做出了巨大贡献。一是推动了房地产行业的快速发展，建立了一个规模大、门类齐全的产业体系。改革开放初期，我国房地产行业规模很小，产业门类也不齐全，少量的房地产企业基本都是国有企业。然而，经过多年的发展，目前房地产行业规模已经逐步壮大，住宅地产、商业地产、工业地产和旅游地产等不同门类齐全，产业链环节也比较齐备，逐步形成了彼此依赖、彼此影响的共生产业生态系统。二是形成了大批有国际竞争力的大型企业集团，企业的规模和效率均出现了明显提升。三是推动了我国城镇化进程。改革开放以来，我国城镇化水平获得了很大的提升。很多国有房地产企业都是地方平台企业转变而来，这些企业为推动地方城镇化做出了巨大的贡献。四是积极参与了保障性安居工程的建设，发挥了示范带头作用和中流砥柱作用，推动了城镇基础设施的完善，解决和改善了大量老百姓的住房问题。

第三，国有房地产企业享受了土地、银行贷款等方面的"隐性补贴"，因此在经营绩效上要明显好于非国有企业。笔者采用沪、深两市的上市公司数据，采用面板数据模型对股权结构影响房地产企业经营绩效进行了实证分析，认为实际控制人为地方政府和地方国资委的上市房地产企业的净资产收益率要好于实际控制人为非国有企业的上市房地产企业的净资产收益率，而实际控制人为国资委或其他国家部委的上市房地产企业的资本净收益率要好于实际控制人为地方政府和地方国资委的上市房地产企业。由此可见，国有资本投资房地产企业有助于提升企业的经营绩效。然而，需要指出的是，实证研究的样本是沪、深两市上市房地产企业，而且去除了一些净资产收益率过高或者过低的极端数据，而这些极端数据中有一部分是国有企业。同时，上市以后，国有企业的治理结构会得到很大的改善，定期的信息公布

第六章 结论及政策建议

也大大制约了政府对企业的不当干预，因此上市国有房地产企业的绩效可能会好于非上市国有房地产企业。总之，这一实证结果只能证明上市国有房地产企业经营绩效好于上市非国有企业，但目前缺乏足够证据证明可以把这一结论范围扩大到所有房地产企业。

第四，国有企业投资房地产使不同所有制企业面临不同的综合成本，而成本差异使得房地产企业在进行价格竞争时面临着不平等的起点，以至于打乱了市场竞争秩序。我国房地产市场存在一个看似违背经济学规律的状况，那就是"高空置率和高价格并存"。造成"高空置率和高价格并存"的原因，在一定程度上是由国有企业投资房地产引起的。市场上存在国有企业和民营企业两种不同所有制的企业，这两种类型的企业存在成本上的差异。对国有企业来讲，自身有着成本优势，因此具备通过打"价格战"，对整个房地产行业进行重新洗牌的能力，但由于企业领导的"任期制"，国有企业的经营管理者并没有通过行业整合提升长期企业价值的动力，因此不会采取大幅度的降价行为；对民营企业来讲，虽然有动力对行业进行整合，提高自身的市场地位和长期价值，但由于成本劣势，并不具备这种能力，而且也担心自身的降价行为招致国有企业"报复"，因此也不会采取大幅度的降价行为。同时，国有企业投资房地产会带来多重福利损失，损害了行业的技术进步，不利于行业的可持续发展。

第五，房地产行业对我国宏观经济增长具有十分重要的拉动作用，但国有房地产企业占比已经出现较大下滑，因此国有企业投资房地产对宏观经济增长拉动的贡献已经大幅降低了。据测算，2010年国有房地产企业投资对GDP增长贡献度和贡献率分别为0.21%和1.98%；2011年国有房地产企业投资对GDP增长的贡献度和贡献率分别为0.18%和1.93%。从长期来看，国有企业投资房地产可能会导致资源配置效率损失和市场竞争秩序的破坏，从而不利于经济的长期健康增长。

第六，国有房地产企业能够在国家的宏观经济调控中发挥重要作用。房地产行业是国家实施宏观经济调控的重要手段。当经济处于过热，国家就会制定一些抑制房地产投资增长、降低房地产市场需求的抑制性措施；当经济处于下行趋势，国家就会制定一些促进房地产投资增长、提高房地产市场需求的刺激措施。国有房地产企业是国家宏观调控中的先行引导者和直接承担者，同时也是实际受益者。

第二节 政策建议

国有企业是国民经济的重要组成部分，不仅我国存在国有企业，而且世界上绝大部分国家均有国有企业的存在。国有企业在国民经济中存在的意义，不仅体现在类似于一般性企业对经营效率和效益的追求，而且更重要的是体现在其所有者（国家和全民）的意志和利益的特殊要求上（金碚，2010）。国有企业可以是关键性的，但绝不是普遍性的，"少而精"是国有企业的理想状态；更明确地说就是，国有企业是特殊企业，具有特殊的功能和优点，能够发挥特殊的作用，在国民经济中占有特殊的地位，但绝不是普遍地适用于大多数企业的企业组织形式（金碚，2001）。对国家来讲，应将有限的国有资本集中于自然垄断行业以及关系国计民生等更需要国有经济发展作用的领域。房地产行业总体上看属于竞争型行业，在这种类型行业中，国有企业承担的国家特殊使命相对较少，行业的发展更主要是依赖于大量规模不等的民营企业。国有企业投资房地产是我国从计划经济体制向市场经济体制转轨的必然结果，并为中国房地产行业的发展做出了巨大贡献。然而，国有企业在投资房地产中享受了国家的"隐性补贴"，可能会在一定程度上破坏房地产行业的市场竞争秩序。目前我国房地产行业的发展已经日渐成熟，公平的市场竞争秩序和良好的市场环境成为决定行业能否健康可持续发展的关键因素。因此，为促进房地产行业的健康可持续发展，从总体上看，国有经济应当从房地产行业中稳步退出，避免"与民争利"。

第六章 结论及政策建议

国有经济逐步从房地产行业中退出，这并不意味着要"搞垮"国有房地产企业，或者是不计得失地将国有经济从房地产行业中立刻退出。事实上，国有经济从房地产行业中的退出应当是一个稳步推进的过程。首先，在国有经济退出房地产行业的过程中，应保障国有资本保值增值。从所有权来看，国有经济属于全国所有人民，其保值增值符合人民群众的根本利益。国有房地产企业是国有资产的重要组成部分，这部分资产不应出现缩水，甚至流失。其次，国有经济从房地产企业退出的过程中应保障国有房地产企业经营活动不受到严重冲击。我国房地产行业发展的重要成就，就是形成了一批综合实力强、具有国际竞争力的大型房地产企业，其中很多都是国有房地产企业。国有经济退出房地产行业并不意味着要搞垮这些国有房地产企业，而是使其转变产权结构后能够继续健康发展。最后，国有经济从房地产行业中退出时，应注意节奏和时机把握，避免过快或不恰当时机的退出会对宏观经济稳定造成冲击。在宏观经济处于低谷时，国有资本运作公司可以放慢国有资本交易的步伐；相反，在宏观经济高涨时，国有资本运作公司可以加快国有资本交易的步伐。这种节奏上的变化可以调控资本流通速度，维持宏观经济稳定。在某些特殊的时点，国家可以从维护整个宏观经济稳定的目的出发，对一些面临重大困难的企业直接进行国有化，使其能够在市场中继续生存下去，避免其倒闭对宏观经济造成重大冲击。事实上，国际金融危机下美国等西方国家也是采取了"国有化"的方式接管濒临倒闭的金融机构，而事后证明这也是最后行之有效的方式，对避免国际金融危机进一步蔓延起到了关键的作用。具体来看，为正确处理国有房地产企业的历史遗留问题，促进我国房地产行业的健康可持续发展，可采取以下政策思路。

第一，对国有房地产企业进行分类治理。正如前文已经谈到的那样，中央企业投资房地产主要存在三种不同情形：一是以房地产为主业的中央企业；二是不以房地产为主业，但仍以盈利为主要目的从事房地产业务的中央企业；三是不以房地产为主业，也不以盈利为主要目的，但仍从事小规模房地产开发的中央企业。国有企业投资房地产也大抵可以如此进行分类。但是，地方国有企业中还有一类国有房地产企业具有特殊性，就是那些从地方政府平台公司转变而来的房地产企业。这部分企业与地方政府之间存在密切的关联，一旦资金链断裂，出现破产，则会对地方政府信用和融资能力造成严重影响，甚至有可能导致地方政府的破产，因此应当单独将其分为一类，进行区别处理。总体来看，国有房地产企业可以分为四类，分别是以房地产为主业的国有房地产企业；不以房地产为主业，但仍以盈利为主要目的从事房地产业务的国有房地产企业；不以房地产为主业，也不以盈利为主要目的，但仍从事小规模房地产开发的国有房地产企业；地方政府平台公司转变而来，仍与地方政府之间存在密切联系的国有房地产企业。对于这四类企业，应当采取不同的方式进行分类治理。

首先，对于以房地产为主业的国有企业，主要思路是"自由竞争、做精做强"。我国以房地产为主业的国有企业一部分从计划经济体制下的国家机关单位改制而来，已经在房地产市场上打拼多年，如中国建筑工程总公司；还有一部分是在自身业务不断发展创新中，逐步转变而来的，且目前房地产业务已经做大、做强，成为公司的核心业务，如中国中化集团公司。这两类企业中无论哪一种，房地产业务均已成为其不可分割的一部分，国家应对其发展给予充分的认可与支持。对这部分企业来讲，应当将自身的房地产企业做精、做强，不仅达到国内领先水平，而且要在国际上处于领先水平。在此需要指出的是，国家支持其发展，并不是要给予其特殊的政策优惠或各种"隐性补贴"，而是要给予其与其他所有制类型企业在市场上公平竞争、自由发展的权利。

其次，对于不以房地产为主业，但仍以盈利为主要目的从事房地产业务的国有房地产企业，主要思路是"推动重组、逐步退出"。有一些房地产国有企业是在房地产行业进入"超级繁荣期"之后，为"分一杯羹"，而将部分的资源投入房地产行业当中，目的是进行中

第六章 结论及政策建议

期、短期投资，从而获得超额利润。客观来讲，这些国有企业投资房地产对于改善国有企业经营业绩起到了积极的作用，但也带来了很多经济社会问题：一方面导致"抽血效应"，影响了自身主业的发展，国有企业将一部分资源投入到房地产行业，必然会影响其他业务的发展，从而不利于国有企业的做精、做强；另一方面带来了一系列的社会问题，如不公平竞争、破坏市场竞争秩序等，加剧了房地产市场的"高空置率和高价格并存"问题，增加了人民群众对房地产行业的不满情绪等。因此，国家对于这部分国有房地产企业可以采取"推动重组、逐步退出"的治理方式：一方面促进这些企业将自身的房地产业务出售，将资源重新集中到自身的主业上，促进实体经济的发展；另一方面对这部分企业进行区别对待，对那些确有难处的企业可以适当放宽退出期限，以市场化的方式退出，而避免过度行政干预。事实上，国有企业大量进入房地产行业是我国社会主义市场经济体制尚不完善、房地产行业发展尚不成熟特定历史阶段下的一个特殊产物。随着社会主义市场经济体制的日益完善、房地产行业利润率逐步下降，这种状况会减少，甚至消失。因此，对国家来讲，政策的重心应当放到规范市场竞争秩序、加强行业监管，推动房地产健康可持续发展上，而非"一刀切"地推动国有企业立刻退出房地产行业。

再次，对于不以房地产为主业，也不以盈利为主要目的，但仍从事小规模房地产开发的国有房地产企业，主要思路是"规范管理、统筹安排"。正如前文所述，有一些国有房地产企业之所以进入房地产行业，是为了解决偏远地区企业员工的住房问题。这一部分需求是客观存在的，需要国家统筹考虑予以解决。国家可以考虑将这部分需求纳入国家保障房建设的框架之下，通过保障房建设机制统筹进行解决。对这部分国有企业来讲，一旦国家能够为其解决边远地区企业员工的住房问题，那么投资房地产的动力也就没有了，就会自动稳步退出房地产行业。由于这些企业可能在前期已经进行了一定规模的土地储备，国家可以按照市场价格予以补偿回收，从而为其退出扫清障碍。

最后，对于地方政府平台公司转变而来的国有房地产企业，主要思路是"市场改革、规避风险"。地方政府债务问题是当前我国经济增长中的一个重要风险点，国家应考虑予以妥善解决。这部分由地方平台公司转变而来的国有房地产企业往往财务杠杆率非常高，很大规模的银行债务都是以政府信用为担保的，一旦这些企业出现大的债务问题，可能会连累地方政府，造成金融风险。对这部分企业应该采取"市场改革、规避风险"的思路进行治理：一方面推动这部分企业的市场化改革，引入其他所有制资本，政府逐步退出，使其真正走向市场，成为产权清晰、运作规范、独立经营、自负盈亏的市场主体；另一方面做好预案，注意规避可能存在的风险，逐步降低财务杠杆率，设立时间表有计划地偿还政府为其担保的银行债务，避免其倒闭对政府信用造成冲击。

第二，积极推动国有房地产企业的混合所有制改革。中共十八届三中全会提出"积极发展混合所有制经济"，指出"国有资本、集体资本、非公有资本等交叉持股、相互融合的混合所有制经济，是基本经济制度的重要实现形式"，同时强调，"鼓励发展非公有资本控股的混合所有制企业"。中共十八届三中全会的决议进一步明确了混合所有制经济的发展方向和路径，使之成为深化国企改革新的有效载体、新的动力。国有房地产企业并不主要提供公共产品服务和承担国家特殊使命，因此应当积极推进混合所有制改革。推动混合所有制改革并不是一卖了之，而是以国有资本保值增值为目标，实现从"管企业"向"管资本"转变。混合所有制改革对国有房地产企业来讲，实质上是一个"双赢"的行为。从国家来看，通过资本运作提高资本的利用效率，促进企业经营效率提高，改善企业业绩，从而实现国有资产的保值、增值；从私人资本来看，通过参与混合所有制改革，也能够获得可观的投资收益。具体来看，推动国有房地产企业混合所有制改革，可以主要通过三种具体路径实现。

首先，通过公司整体上市实现混合所有制改革。对于符合上市条

第六章 结论及政策建议

件的国有房地产企业应鼓励整体上市,通过在证券市场上的公开交易实现企业混合所有制。相比于其他的混合所有制改革路径,整体上市是信息公开程度最高、运作最为规范的方式。通过这种方式进行混合所有制改革实际上是一种市场公开定价,能够有效地避免国有资产流失问题,既保障了国有资产的保值、增值,也避免了遭受到社会各界的质疑。目前来看,整体上市似乎也是国家重点支持和鼓励的混合所有制改革路径。2014年9月1日中信集团上市后的中信股份正式在中国香港开始股票交易,中信集团通过注资中信泰富在香港实现整体上市成功收官。中信集团的整体上市从2008年就已经开始谋划,但由于多重因素影响,上市之路"一波三折"。随着中共十八届三中全会明确提出国有企业混合所有制改革的方向,中信集团整体上市也加快了步伐。中信集团的整体上市实际上是国家通过整体上市实现混合所有制改革的一次试水,对于其他企业的混合所有制改革具有一定的示范意义。

其次,通过其他所有制资本参股国有房地产企业实现混合所有制改革。混合所有制改革的核心在于吸引私营资本等其他所有制资本的进入,但目前来看私营资本在参股国有企业时还有各种各样的顾忌。其中,最核心的一个问题是担心自己的股份比例太小,以至于自身利益得不到保障。对于一个私营企业来讲,投资几亿元的资本参股国有企业,已经是全部家当了,但由于国有企业规模太大,可能只占国有企业不足10%的股权。如何在占股比例较小的情况下保障自身的利益不受损害,是很多民营资本参股国有企业需要考虑的核心问题。对此,国家应注重规范资本市场建设,优化公司治理结构,借鉴国外保护中小股东的有益经验,在董事会和监事会的设置上,向中小股东倾斜。例如,在德国等欧洲国家,大企业的董事会中50%的董事均为独立董事,而独立董事的一个重要职能就是保护中小股东的利益。

最后,通过员工持股实现混合所有制改革。员工持股计划兴起于美国,对于优化公司治理结构、提高经营管理者积极性,能够起到积极的效果。对于国有房地产企业来讲,通过推行员工持股计划,能够有效地推动股权多元化，从而优化公司治理结构。员工持股是混合所有制改革的大势所趋。但由于各种舆论等方面的压力，在国有企业改革中，员工持股，尤其是管理层持股饱受争议，而且在国家的法律法规层面也经历了多次的放开、收紧、松动，因此很多国有企业在实施员工持股计划时都有着很多的担心，生怕触碰"红线"。《中共中央关于全面深化改革若干重大问题的决定》指出："允许混合所有制经济实行企业员工持股，形成资本所有者和劳动者利益共同体。"说明推行员工持股计划符合国家混合所有制改革的方向。在国家政策的支持下，员工持股计划可能成为混合所有制改革的重要方向。正如前文所言，很多的国有房地产企业是从地方政府的平台公司转变而来，财务杠杆很高，对于地方政府来讲，是一个巨大的风险点。下一阶段，可重点考虑对这部分企业进行资产清算，通过员工持股的方式实现混合所有制改革。这样既可以降低地方政府的金融风险，同时也有助于这些企业走上健康发展的道路。

第三，规范房地产行业市场秩序。良好的市场秩序是行业健康可持续发展的必要条件。国有企业投资房地产造成的最大问题就是破坏了市场竞争秩序。为了优化市场竞争秩序，使房地产行业回归市场竞争的本质，可重点从以下三个方面着手。

首先，减少和消除对国有房地产企业的"隐性补贴"。正如前文所述，国家对国有房地产企业的"隐性补贴"造成了对市场竞争秩序的破坏，以致无法实现资源的优化配置，造成大量的社会福利损失。房地产行业市场竞争秩序的优化，必须要以消除对国有房地产企业的"隐性补贴"为前提。一是消除国有房地产企业在银行贷款方面的特殊优待。可考虑设立银行新增贷款结构的预期性目标，建议银行降低新增贷款中国有房地产企业的贷款比例。定期公布不同商业银行新增贷款中国有房地产企业贷款的比重，并对其提出指导性意见。二是消除国有房地产企业在土地获取方面的特殊优待。在进行土地招标时，应延长土地"招拍挂"的公示时间底线，由目前的21天延长到一个月

第六章 结论及政策建议

或者更长的时间，为房地产企业制定经营决策提供更长的准备时间。做好及时的信息发布工作，公开城市不同区位的发展规划、基础设施建设规划，使国有企业和民营企业能够享受到相同的信息资源，避免不同企业在信息获取上的不公平地位。三是在资质认定上，对国有房地产企业和私营房地产企业采取统一的标准，避免实施差别化待遇。

其次，尽量避免政府对房地产市场的直接行政干预。目前，国家对房地产采取了"一脚油门，一脚刹车"的调控方式，以至于房地产行业呈现"过山车"式的发展模式。这种急剧变动的市场环境不利于房地产行业的健康发展。国家应改变过去的这种调控方式，将政策重点放到优化市场竞争环境上，减少对房地产行业的行政干预，提高政策的稳定性，使消费者和企业能够对未来形成稳定的预期。一是取消限购政策，使供需双方能够自由交易。二是避免对房地产价格的直接干预，使房地产价格真正由供需决定。国家应建立信息发布机制，及时发布房地产行业的供需状况。当房地产价格上涨速度过快时，国家应加大土地供给，使更多的房地产产品及时进入市场，从而实现供需平衡，抑制价格过快上涨。三是稳定房地产税收标准，避免采取改变流转税率的方式调节房地产交易。事实上，房地产交易是房地产使用价值的重要组成部分。对于消费者来讲，房地产价值在很大部分决定于其地理位置的便利性，当消费者工作、学习地点发生改变，也必然需要对房地产进行交易。如果抑制了房地产的交易活动，那么会造成社会福利的巨大损失。四是加强对房地产行业的反垄断。从全国来看，任何一家房地产企业的市场份额都很小，房地产行业并不存在垄断问题，但由于不同地点的房地产之间并不能完全相互替代，因此从一些特定地区来看，房地产行业确实存在垄断问题。治理房地产行业垄断，关键在于建立起有效的竞争机制，消除市场进入壁垒，使不同所有制的房地产企业能够自由进入不同区域市场，从而对在位房地产企业形成竞争，避免房地产商形成强大的市场势力，损害消费者利益。

最后，建立起有效的优胜劣汰机制。一般来讲，一个行业在高涨发展的时期，往往会涌现出大量的企业，这些企业鱼目混珠，但由于市场规模的快速扩张，都能够生存下去。但是到了成熟期或低谷期以后，市场需求的扩张速度将会大大放缓，甚至出现负增长，在这种情况下，市场将出现"大洗牌"，很多缺乏竞争力的企业将被淘汰，而一些更为专业、更为优秀的企业将脱颖而出。目前，我国房地产行业正进入"大洗牌"的阶段，房地产企业之间的资产整合将大大加快。此时，国家应建立起统一、开放的市场环境，消除企业兼并重组的障碍，避免区域之间的地方保护，促进企业之间的资产交易。对于国有房地产企业，国家不应当给予特殊保护，而是按照市场规则，该出售的出售，该破产的破产。同时，要规避可能由此引发的金融风险，避免对国民经济造成冲击。

第四，促进国有房地产企业内涵式发展。改革开放以来，随着房地产行业的快速扩张，我国房地产企业总体上实施了一种外延式的发展模式。不断通过规模的扩张，实现了自身实力的提升。然而到了今天，国有房地产企业发展中面临的外部环境已经发生了根本性的转变。一方面人口结构、家庭结构的变化导致了房地产市场需求增长的速度将大大放缓，另一方面房地产行业库存增长很快，大量的房屋处于空置状态。在这种情况下，房地产企业的大规模外延式增长的空间已经十分有限，必须要转向内涵式增长，从而在竞争中占据优势，实现自身的可持续发展。多年以来，我国国有房地产企业习惯了享受国家的"隐性补贴"，习惯了外延式的发展路径，但这种路径已经不可持续。下一阶段，国有房地产企业要想维持自身的竞争优势，必须要从提高技术能力、商业模式和管理水平上做文章。

首先，提升自身的技术能力。技术能力是一个企业发展的关键因素之一，对房地产企业来讲同样如此。房地产企业的技术能力不仅体现在建筑环节，也体现在前期的策划和设计环节。一是标准化能力。房地产在设计开发之初，就要与国际上、国家颁布的各项标准相衔接，需要达到住宅地产、商业地产、工业地产、旅游地产的各项标准。通过什么样的方式达到这些标准以及达到什么样的水平,体现了房地产企业的技术能力。二是绿色能力。节能环保已经成为各行各业都需要重点关注的问题,而房地产行业在节能环保方面具有巨大的空间。随着国家和各级地方政府对房地产行业节能环保标准的要求越来越高,如何实现在不大幅提高生产成本的情况下,满足并超越各项节能标准,将是房地产企业面临的重要挑战。三是信息化能力。信息化技术的普及应用带来很多传统行业生产效率的极大改进。房地产行业是一个需要大量的信息获取、信息交换、信息挖掘和信息服务的行业,因此提高房地产企业的信息化能力能够大幅提高房地产企业的经营效率。

其次,提升自身的商业模式水平。近年来,房地产企业的商业模式创新已经成为研究的热点问题。很多房地产企业纷纷沿着不同路径进行商业模式创新,从而取得了巨大的发展成就。对国有企业来讲,推动自身商业模式的创新可考虑三个方面。一是融资模式由银行贷款转变为私募股权投资(Private Equity,PE)。房地产开发需要大量的资金支持,而目前房地产企业融资主要依赖于银行贷款。过高的财务杠杆会加大企业经营风险,一旦市场需求低于预期,或者遇到一些不可预料的因素,房地产企业就会面临资金链断裂,乃至倒闭的风险。为了降低金融风险,房地产企业应考虑在融资上更多转向私募股权投资(Private Equity,PE)等模式,而非单纯依赖于银行贷款。二是采取平台经济模式。平台经济已经成为很多行业发展中的重要商业模式创新,平台企业通过自身的资源整合能力对产业链的不同环节进行整合,从而提高整个价值链的经营效率。房地产企业应借鉴其他行业的发展经验,把自身打造为信息服务平台。三是由重生产转向重服务。目前很多房地产企业往往注重产品的前期开发,对于后期的服务不够重视。这样会大大降低消费者的满意度,损害企业的品牌价值。为此,房地产企业应努力提升服务水平,真正为消费者提供差异化服务和定制化服务。

最后，提升自身的治理水平和管理水平。由于治理结构、历史遗留等方面的原因，我国国有企业总体上管理水平相对落后，大大制约了企业竞争力的提升。下一阶段，应抓住国有企业改革的契机，优化公司治理结构，提高公司管理水平。一是优化治理结构。按照《中华人民共和国公司法》的有关规定，设立股东会、董事会和监事会，并合理设置股东会、董事会和监事会的人员数量和人员结构，理顺股东会和董事会之间的信托关系、董事会与经理之间的授权与代理关系、股东会与监事会之间的委任关系、监事会与董事会和经理层之间的监督关系，形成彼此之间各司其职、互不越权、相互配合和互相制衡的良好格局。二是提高企业管理水平。在形成良好治理结构的基础上，进一步提升公司的管理水平，包括优化公司管理模式，采取更多先进的管理手段，提高企业管理信息化水平，构建良好的企业文化等。

参考文献

[1] 埃德蒙·费尔普斯.大繁荣[M].余江译.北京：中信出版社，2013.

[2] 邓念.政府作用下的中国房地产市场理论与实证研究[D].上海：复旦大学，2010.

[3] 丁烈云.房地产周期波动成因分析[J].华中科技大学学报（社会科学版），2003（2）：19-25.

[4] 段芳.房地产市场有效性的理论与实证研究[D].上海：华东师范大学，2011.

[5] 段际凯.中国房地产市场持续发展研究[D].上海：复旦大学，2004.

[6] 范明君.主成分分析法确定综合指数的房地产周期波动实证研究——以河北省为例[J].河北企业，2010（11）：47-48.

[7] 冯建德.论国有房地产企业的地位作用与发展（EB/OL）.浙江在线，http://zzhz.zjol.com.cn/05zzhz/system/2006/05/09/006609167.shtml.

[8] 冯巍.内部现金流量和企业投资——来自我国股票市场上市公司财务报告的证据[J].经济科学，1999（1）：51-56.

[9] 高开仙，莫申生.高房价与福利效应、财富效应[J].企业经济，2010（2）：113-116.

[10] 葛瑛.美国房地产市场及房地产金融发展的历史回顾[J].浙江金融，2011（1）：73-76.

[11] 关涛.房地产经济周期的微观解释：行为经济学方法与实证研究[D].上海：复旦大学，2005.

[12] 郭克莎.我国房地产市场调整的趋势、影响及对策研究[J].财贸经济，2014（12）：17-26.

[13] 郭丽虹.企业的融资条件与投资行为[M].北京：中国财政经济出版社，2005.

[14] 何金耿,丁加华.上市公司投资决策行为的实证分析[J].证券市场导报，2001（9）：44-47.

[15] 胡谍.房地产市场对宏观经济的影响机制研究[D].北京：清华大学，2011.

[16] 黄群慧,余菁.新时期的新思路：国有企业分类改革与治理[J].中国工业经济，2013（11）：5-11.

[17] 黄英.房地产经纪服务中"市场失灵"的成因及对策探讨[J].沈阳工程学院学报（社会科学版），2011，7（3）：348-351.

[18] 金碚,黄群慧."新型国有企业"现象初步研究[J].中国工业经济，2005（6）：5-14.

[19] 金碚.房地产乱象：社会巨变的阵痛[J].政治经济学评论，2010（3）.

[20] 金碚.房地产调控政策应有新思路[N].中国经营报，2013（3）.

[21] 金碚.房地产政策须有科学的认识基础[N].中国经营报，2007（11）.

[22] 金碚.国有企业的历史地位和改革方向[J].中国工业经济，2001（2）：5-16.

[23] 金碚.国有企业的目的和使命[J].企业文明，2010（2）：33-34.

[24] 金碚.国有企业渐进式改革的历史轨迹[J].南京师范大学学报（社会科学版），2002（1）：5-12.

[25] 金碚.论国有企业改革再定位[J].中国工业经济，2010（4）：5-13.

[26] 金碚.论国有企业是特殊企业[J].学习与探索，1999（3）：10-13.

[27] 金碚.三论国有企业是特殊企业[J].中国工业经济，1999（7）：5-9.

[28] 金碚.再论国有企业是特殊企业[J].中国工业经济，1999（3）：5-12.

[29] 金丽蓉.中国房地产行业上市公司股权结构与公司绩效的关系研究

[D].成都：西南财经大学，2013.

[30]李春吉，孟晓宏.中国房地产市场结构和价格影响因素的实证分析[J].产业经济研究，2005（6）：48–56.

[31]李平.对我国房地产泡沫的测度研究[J].统计与决策，2007（24）：82–85.

[32]李倩.房地产市场综合评价指标体系初探[J].理论观察，2004（1）：28.

[33]李颖欣.房地产市场结构及企业行为分析[J].市场研究，2008（4）：20–22.

[34]李玉杰，王庆石.房地产业对相关产业带动效应的国际比较研究[J].世界经济与政治论坛，2010（6）：79–91.

[35]李哲.中国房地产开发企业投资行为研究[D].大连：东北财经大学，2009.

[36]梁云芳，高铁梅，贺书平.房地产市场与国民经济协调发展的实证分析[J].中国社会科学，2006（3）：74–84，205–206.

[37]刘少波，戴文慧.我国上市公司募集资金投向变更研究[J].经济研究，2004（5）.

[38]刘少雄.中国公司制国有企业治理机制研究[D].武汉：华中科技大学，2008.

[39]刘水杏.房地产业与相关产业关联度的国际比较[J].财贸经济，2004，（4）：81–87.

[40]陆奇斌，赵平，王高，黄劲松.中国市场结构和市场绩效关系实证研究——从消费者角度识别两者的关系[J].中国工业经济，2004（10）：28–35.

[41]吕俊华，罗彼得，张杰.中国现代城市住宅：1840～2000[M].北京：清华大学出版社，2002.

[42]马建堂，许宪春，贾海.中国房地产市场运行检测报告（2013）[M].北京：中国人民大学出版社，2014.

[43] 丘浔.均衡公平与效率：中国快速城镇化进程中的房地产市场调控模式（第二版）[M].北京：中国建筑工业出版社，2013.

[44] 全林，姜秀珍，陈俊芳.不同公司规模下现金流量对投资决策影响的实证研究[J].上海交通大学学报，2004（3）：355-358.

[45] 孙菊生，李小俊.上市公司股权结构与经营绩效关系的实证分析[J].当代财经，2006（1）：80-84.

[46] 孙雅静，张庆君.我国房地产周期波动与经济周期的实证分析（1979~2008）[J].生产力研究，2009（15）：87-89.

[47] 谭刚.房地产周期波动[M].北京：经济管理出版社，2001.

[48] 万浩华.我国房地产市场的结构和行为分析[J].江西社会科学，2006（6）：157-161.

[49] 王冰，黄岱."市场结构—市场行为—市场绩效"范式框架下的政府管制理论及其对我国的借鉴作用[J].山东社会科学，2005（3）：56-60.

[50] 王国军，刘水杏.房地产业对相关产业的带动效应研究[J].经济研究，2004（8）：38-47.

[51] 王勉，唐啸峰.我国房地产投资波动与经济周期的相关性[J].四川大学学报（哲学社会科学版），2000（3）：40-43.

[52] 王乃合.房地产价格变动对城市居民消费的影响研究[D].天津：南开大学，2009.

[53] 王旭章.区域性的主导产业市场选择、集聚和扩散[J].铁道师院学报，1998，15（5）：24-27.

[54] 王雪峰.中国房地产市场泡沫的测度研究[J].现代经济探讨，2005，8（1）：1-14.

[55] 王跃堂，赵子夜，魏晓雁.董事会的独立性是否影响公司绩效？[J].经济研究，2006（5）：62-73.

[56] 魏后凯，李景国.中国房地产发展报告No.10[M].北京：社会科学文献出版社，2013.

[57]魏后凯,李景国.中国房地产发展报告No.11[M].北京:社会科学文献出版社,2014.

[58]魏明海,柳建华.国企分红、治理因素与过度投资[J].管理世界,2007(4):88-95.

[59]吴延兵.国有企业双重效率损失研究[J].经济研究,2012(3):15-27.

[60]向荣富.中国房地产企业资本结构与经营绩效[D].武汉:武汉大学,2013.

[61]肖作平.股权结构、资本结构与公司价值的实证研究[J].证券市场导报,2003(1):71-76.

[62]谢经荣.地产泡沫与金融危机:国际经验及其借鉴[M].北京:经济管理出版社,2002.

[63]杨华军,胡奕明.制度环境与自由现金流的过度投资[J].管理世界,2007(9):99-117.

[64]于东智,池国华.董事会规模、稳定性与公司绩效:理论与经验分析[J].经济研究,2004(4):70-79.

[65]袁志刚,樊潇彦.房地产市场理性泡沫分析[J].经济研究,2003,3(3):34-43.

[66]张诚.房地产上市公司股权集中度与经营绩效相关性的实证研究[D].合肥:安徽大学,2014.

[67]张泓铭,沈正超.中国住房保障制度构建与供给方式探索[M].上海:上海社会科学出版社,2012.

[68]张丽杰.家电业上市公司股权结构与公司绩效实证研究[J].沈阳工业大学学报,2006(2):218-220,235.

[69]张芹.房地产上市公司股权结构与经营绩效的关系研究[D].济南:山东大学,2008.

[70]张清勇.改革开放三十年中国房地产业的回顾[J].建筑经济,2008

（12）：35-39.

[71]张世贤，夏洪胜.公司治理[M].北京：经济管理出版社，2014.

[72]张元端.浅谈房地产资金融通问题[J].中国住宅设施，2004（4）.

[73]赵剑锋，尹航.沪市公司内部融资约束、现金流与投资行为分析[J].金融问题研究，2006（8）：66-68.

[74]中国房地产估价师与房地产经纪人学会.中国房地产投资收益率分析报告（2014）[M].北京：中国建筑工业出版社，2014.

[75]中国房地产开发总公司.房地产开发与经营管理[M].北京：中国建筑工业出版社，1990.

[76]周京奎.产业集中型垄断与中国房地产市场结构优化[J].生产力研究，2002（3）：180-181，184-297.

[77]周忻，张永岳.中国房地产十强企业模式研究[M].大连：大连理工大学出版社，2011.

[78]朱敬尧.房地产金融[M].北京：经济管理出版社，1994.

[79]朱小丰.保障房建设的配建模式研究[Z].财政部财政科学研究所，2012.

[80]Andrade G.，Mitchell M.，Stafford E.. New Evidence and Perspectives on Mergers[J]. The Journal of Economic Perspectives，2001（2）：103.

[81]Bain J. S.. Market Classifications in Modern Price Theory[J]. Quarterly Journal of Economics，1942，56（4）：560-574.

[82]Bajari P.，Benkard C. L.，Krainer J.. House Prices and Consumer Welfare，2004.

[83]Bergman L.，Jorgenson D. W.，Zalai E.. General Equilibrium Modeling and Economic Policy Analysis[M]. Oxford：Basil Blackwell，1990.

[84]Byrne P.，Jackson C.，Lee S.. Bias or Rationality？The Case of UK Commercial Real Estate Investment[J]. Journal of European Real Estate Research，2013，6（1）：6-33.

[85]Cajias M., Fuerst F., McAllister P., Nanda A.. Do Responsible Real Estate Companies Outperform their Peers? [J]. International Journal of Strategic Property Management, 2014 (1): 11.

[86]Charreaux G.. Le Gouvernement des Entreprises[J]. Corporate Governance: The'ories et Faits. Economica, 1997.

[87]Deacle S., Elyasiani E.. Real Estate Investment by Bank Holding Companies and Their Risk and Return: Nonparametric and GARCH Procedures[J]. Applied Financial Economics, 2014, 24 (13): 907–926.

[88]Demsetz H., Villalonga B.. Shareholding Structure and Corporate Performance[J]. Journal of Corporate Finance, 2001 (7): 209–233.

[89]Devereux M. P., Schiantarelli F. P.. Investment, Financial Factors, and Cash Flow: Evidence from UK Panel Data[J]. In, Asymmetric Information, Corporate Finance, and Investment, 1990: 279–306.

[90]Falkenbach H., Niskanen J., Kiehelä S.. Development and Performance of the Public Real Estate Investment Sector in Finland[J]. International Journal of Strategic Property Management, 2013, 17 (3): 233–247.

[91]Fazzari F.M., R.G. Hubbard, B. C. Petersen. Financing Constraints and Corporate Investment[J]. Brookings Papers on Economic Activity, 1988 (1): 141–195.

[92]Fereidouni H. G., Masron T. A.. Real Estate Market Factors and Foreign Real Estate Investment[J]. Journal of Economic Studies, 2013, 40 (4): 448–468.

[93]Gholipour H. F., Al-mulali U., Hakim Mohammed A.. Foreign Investments in Real Estate, Economic Growth and Property Prices: Evidence from OECD Countries[J]. Journal of Economic Policy Reform, 2014, 17 (1): 33–45.

[94]Gibler K.M., Lindholm A.. A Test of Corporate Real Estate Strategies

and Operating Decisions in Support of Core Business Strategies[J]. Journal of Property Research, 2012, 29 (1): 25-48.

[95] Hayashi F.. Tobin's Marginal "q" and Average "q": A Neoclassical Interpretation[J]. Econometrica, 1982, 50 (1): 213-224.

[96] Heaney R., Higgins D., Di Iorio A.. Investment Portfolios and Three Dimensions of Real Estate Investment: An Australian Perspective[J]. Pacific Rim Property Research Journal, 2012, 18 (4): 335.

[97] Holderness C. G., Sheehan D. P.. The Role of Majority Shareholders in Publicly Held Corporations: An Exploratory Analysis[J]. Journal of Financial Economics, 1988, 20 (1/2): 317-346.

[98] Jensen M. C., Meckling W. H.. Theory of the Firm: Managerial Behavio, Agency Costs and Ownership Structure[J]. Journal of Financial Economics, 1976, 3 (4): 305-360.

[99] Joyeux R., Milunovich G.. Speculative Bubbles, Financial Crises and Convergence in Global Real Estate Investment Trusts[J]. Applied Economics, 2015, 47 (27): 2878-2898.

[100] Kaplan S., Zingales L.. Do Financing Constraints Explain why Investment is Correlated with Cash Flow? [J]. Quarterly Journal of Economics. 1997 (112): 169-215.

[101] Kim W. C., Mauborgne R.. Value Innovation: The Strategic Logic of High Growth[J]. Harvard Business Review, 1997, 75 (1): 103-112.

[102] Koyck L. M.. Distributed Lags and Investment Analysis[M]. Amsterdam: North-Holland, 1954.

[103] Krugman P. R., Rogoff K. S., Fischer S., McDonough W.J.. Currency Crises: International Capital Flows[M]. University of Chicago Press, 1999: 421-466.

[104] Leung C.. Macroeconomics and Housing: A Review of the

Literature[M]. Journal of Housing Economics，2004（13）：249-267.

[105]McConnell J.J.，Servaes H.. Additional Evidence on Equity Ownership and Corporate Value[M]. Journal of Financial Economics，1990（27）：595-612.

[106]Modigliani F.，Miller M. H.. The Cost of Capital，Corporation Finance and the Theory of Investment[J]. American Economic Review，1958，48（3）：261.

[107]Myers S. C.，Majluf N. S.. Corporate Financing and Investment Decisions when Firms have Information that Investors do not have[J]. Journal of Financial Economics，1984，13（2）：187-221.

[108]Pedersen T.，Thomsen S.. Business Systems and Corporate Governance[J]. International Studies of Management & Organization，1999，29（2）：43.

[109]Pi-Ying Lai P.，Fischer D.. The Determinants of Foreign Real Estate Investment in Taiwan[J]. Pacific Rim Property Research Journal，2007，13（3）：263.

[110]Pyhrr S. A.，Cooper J. R.. Real Estate Investment：Strategy，Analysis，Decisions / Stephen A. Pyhrr，James R. Cooper[M]. New York：Wiley Co.，1982.

[111]Quigley J. M.. Why Should the Government Play a Role in Housing？：A View from North America[J]. Housing，Theory & Society，1999，16（4）：201-203.

[112]Richardson S.. Over-Investment of Free Cash Flow[J]. Review of Accounting Studies，2006，11（2/3）：159-189.

[113]Roehner B. M.. Spatial Analysis of Real Estate Price Bubbles：Paris，1984-1993[J]. Regional Science & Urban Economics，1999，29（1）：73.

[114]Rymarzak M., Siemińska E.. Factors Affecting the Location of Real Estate[J]. Journal of Corporate Real Estate, 2012, 14 (4): 214-225.

[115]Scherer F. M.. Industrial Market Structure and Economic Performance[M]. Boston: Houghton Mifflin Co., 1970.

[116]Scholz A., Lang S., Schaefers W.. Liquidity and Real Estate Asset Pricing: A Pan-European Study[J]. Journal of European Real Estate Research, 2014, 7 (1): 59-86.

[117]Shilling J.D., Sing T.F.. Why is the Real Estate Market an Oligopoly?[J]. Annual Assa-Areuea Conference, Boston, 2006.

[118]Stiglitz J. E., Weiss A.. Credit Rationing in Markets with Imperfect Information[J]. American Economic Review, 1981, 71 (3): 393.

[119]Vogt S.C.. The Cash Flow/Investment Relationship: Evidence from US Manufacturing Firms[J]. Financial Management, 1994, 23 (2): 3-20.

[120]Wei Y., Lam P. I., Chiang Y. H., Leung B. P.. The Effects of Monetary Policy on Real Estate Investment in China: A Regional Perspective[J]. International Journal of Strategic Property Management, 2014, 18 (4): 368-379.

[121]Yoon D., Edelstein R. H., Lacayo A. J., Lee D. C.. Real Estate Income and Value Cycles: A Model of Market Dynamics[J]. Journal of Real Estate Research, 1999, 18 (1): 69.

后 记

经过一年多的辛苦耕耘，我的第一部书稿终于完成了。本书从国有企业投资房地产的现状出发，较为系统地研究了国有企业投资房地产对企业绩效、产业组织和宏观经济的影响，并提出了促进我国房地产行业健康可持续发展的政策建议。

国有企业投资房地产问题是一个被广泛关注，但也充满争议的问题。国有企业是否应当退出房地产行业，学者们对此并没有下定论。本书认为，国有企业投资房地产是我国从计划经济体制向市场经济体制转型的必然结果，为我国经济社会建设和房地产行业发展做出了巨大贡献，但也在一定程度上造成了房地产企业在进行价格竞争时面临着不平等的起点，以至于打乱了市场竞争秩序。随着我国国有企业改革的进一步深化，应当对国有房地产企业进行分类治理，积极推动国有房地产企业的混合所有制改革。

本书在很多方面还是探索性的，还存在很多不足，需要学者们进一步深入研究。具体来看，可重点考虑三个方面。一是国有企业投资房地产行业的行为模式究竟有什么样的特点？国有企业和私营企业之间的经营目标不同和风险偏好不同，会造成企业行为的巨大差异。二是国有房地产企业之间的相互并购行为会对房地产行业的发展造成何种影响？下一阶段，并购必然频繁发生于我国国有房地产企业之间，这将意味着整个房地产业的"大洗牌"。三是国有企业退出房地产业会对国家宏观调控造成哪些影响？多年以来，国有企业投资房地产已经成为国家调控宏观经济的重要手段。国有企业退出房地产业必然将对国家调控宏观经济的能力造成重要影响。

本书从完成初稿到定稿再到出版，倾注了很多人的汗水和心血。本书从选题到论证，得到了中国社会科学院学部委员金碚老师的悉心指导。金老师渊博的学识、深厚的学术造诣，深深影响着我。金老师不仅是我学业上的师长，也是我人生的榜样，衷心感谢恩师！由于毕业后工作比较繁忙，书稿的修改过程断断续续，从而拖延了出版计划，得益于经济管理出版社杨雅琳编辑的大力帮助，本书才能在这么短的时间内出版，特此致谢！我还要感谢出版社的其他工作人员，他们细致、高效的文字整理和排版以及审校工作，使得本书顺利与读者见面。

　　限于水平，本书难免存在疏漏与不足之处，敬请读者批评指正！

尹冰清
2015年12月